供电智慧营业厅运营与管理

《供电智慧营业厅运营与管理》编委会　编

中国电力出版社
CHINA ELECTRIC POWER PRESS

内 容 提 要

本书以S市供电公司智慧营业厅为例，对其智慧化转型升级的运营、管理经验进行了总结，同时也对供电智慧营业厅的未来运营服务管理模式做出思考。

本书分为营业厅转型、营业厅服务、营业厅管理、员工管理、增值服务合作管理共5章内容。

本书图文并茂、易于阅读，可供供电营业厅工作人员和相关管理人员阅读参考。

图书在版编目（CIP）数据

供电智慧营业厅运营与管理/《供电智慧营业厅运营与管理》编委会编．—北京：中国电力出版社，2022.5

ISBN 978-7-5198-6533-7

Ⅰ.①供…　Ⅱ.①供…　Ⅲ.①电力工业－供电管理－运营管理－中国　Ⅳ.①F426.61

中国版本图书馆CIP数据核字（2022）第031330号

出版发行：中国电力出版社
地　　址：北京市东城区北京站西街19号（邮政编码100005）
网　　址：http：//www.cepp.sgcc.com.cn
责任编辑：杨　扬（010-63412524）
责任校对：黄　蓓　王海南
装帧设计：赵姗姗
责任印制：杨晓东

印　　刷：北京九天鸿程印刷有限责任公司
版　　次：2022年5月第一版
印　　次：2022年5月北京第一次印刷
开　　本：710毫米×1000毫米　16开本
印　　张：10
字　　数：130千字
定　　价：68.00元

《供电智慧营业厅运营与管理》

编　委　会

前 言

随着中国特色社会主义进入新时代，对电力部门的供电服务赋予了新的使命和职能。 面对新形势、新任务、新要求，聚焦用电居民和综合能源客户的新需求、新期盼，身处新的历史方位的供电企业，在高质量推进新时代供电现代化建设、不断满足人民追求美好生活的电力需求上，承担着重大历史使命。

在此背景下，各地供电企业积极探索营业厅转型升级路径，革新营业厅服务模式，打造智慧营业厅，力求为用电客户提供更智能、更高效的服务体验，满足用电客户更多元化的服务需求。 智慧营业厅作为供电企业服务改革、服务发展、服务市民的前沿阵地，其运营管理经验以及对未来运营服务管理的思考，对于推动全国供电营业厅转型升级、服务提质增效具有重要参考价值。 为此，以 S 市供电公司智慧营业厅为例，对其转型升级经验进行总结，编写《供电智慧营业厅运营与管理》一书。

本书共 5 章：第 1 章营业厅转型，介绍了智慧营业厅的转型背景、目标定位、运营模式、功能特点、环境设计等内容；第 2 章营业厅服务，从客户到厅、咨询分流、等候服务、自助服务、增值体验、送别客户、接待引导等环节，介绍智慧营业厅服务的规范要求，提供话术参考；第 3 章营业厅管理，介绍了智慧营业厅班务管理、场所管理、设施设备管理、安全管理和质量管理等方面的规范要求；第 4 章员工管理，从岗位规范、行为规范、职业发展、培训提升、考核激励等方面，介绍智慧营业厅在员工管理方面的经验做法和创新思考；第 5 章增值服务合作管理，介绍了智慧营业厅与第三方合作开展增值服务的内容，以及在产品管理和现场管理两方面的规范要求。

智慧化转型是供电营业厅的必经之路，期望本书能够为转型升级路上的供电营业厅提供参考。

编　者

2022 年 4 月

目 录 contents

1

营业厅转型

数字化转型是电力行业不可逆转的时代趋势，打造智慧营业厅是供电企业数字化转型过程中的一个探索。依托智能化的自助终端设备、合理化的人员配置、标准化的功能分区设计、市场化的新兴业务推广，智慧营业厅将为用电客户提供崭新的优质服务体验。

1.1 转型背景

为贯彻落实党中央关于建设网络强国、数字中国、智慧社会的战略部署，近年来，供电企业全力推进数字化转型和数字电网建设。以纯人工服务为主的传统供电营业厅，在人力配置、服务成本、服务效率等方面均面临较大压力。因此，供电营业厅必须紧扣时代需求，服务社会经济发展；积极打造线上、线下智慧运营模式，简化用电业务办理流程，有效提升客户用电体验。

提供线上线下融合的全渠道、智能化办电服务是不可逆转的时代趋势。在此背景下，各地供电企业对标国内外、同行异业优秀企业营业厅，不断探索传统服务渠道和智能化服务技术深度融合的供电服务新模式，积极推进营业厅转型升级，智慧营业厅的建设构想应运而生。

1.2 目标定位

智慧营业厅是充分运用互联网＋、物联网、人工智能、大数据分析共享、移动应用等新技术，利用 AI 赋能和数据赋能，采用“线上＋线下”数字化服务融合模式，使客户服务智能化，业务办理数字化和可视化的智慧型营业厅。同时它也是以满足用能客户新需求、新体验为导向，进行新兴业务推广，提供多元化增值服务产品的能源产品推广平台。与传统营业厅相比，智慧营业厅深度融合了线上服务和线下服务，是一个为用电客户提供智能化、互动化、人性化、24 小时全天候办电服务的新型营业厅。

智慧营业厅需要在向窗口标准化、设备智能化、服务互动化、业务数字化和可视化方向发展的同时，提高营业厅的用工效率和管理效能。在智慧化转型后，营业厅仍然发挥四个触点作用，一是便捷服务触点，依托智能自助终端设备，为用电客户提供高效便民的业务办理方式；二是贴心关怀触点，设置前台引导员协助用电客户自助办理业务，提供适老化服务，帮助老年群体跨越“数字鸿沟”；三是品牌宣传触点，作为科普基本电力知识、安全用电常识的前沿阵地，履行社会责任树立品牌形象；四是友邻化营销触点，以社区为圆心辐射，推动新兴业务领域触角延伸。

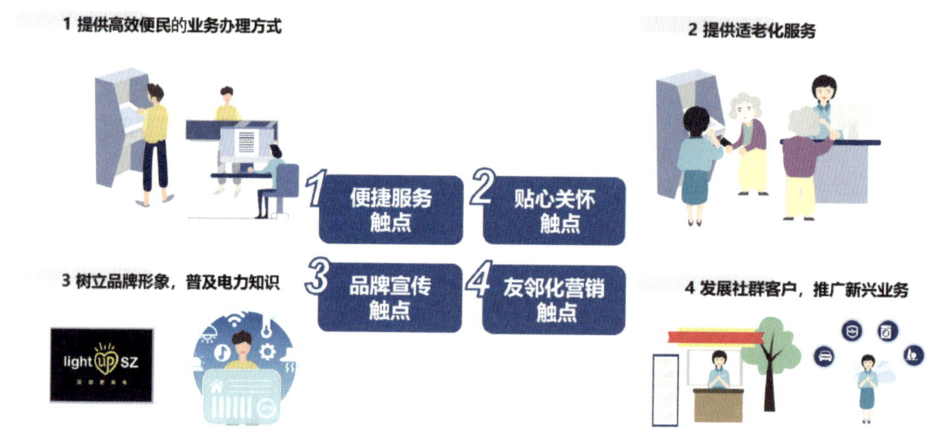

管理创新思考

随着技术手段不断发展，在不久的将来所有的用电业务均能通过线上办理，线下营业厅作为便捷服务的触点，作用将越来越弱；与此同时，贴心关怀、品牌宣传和友邻化营销的触点作用将进一步加强。

正如新零售时代超市的升级转型，数字化时代的实体营业厅将会进一步往体验型、市场化、智能化、品牌化方向转变，成为能源产品推广平台、客户服务互动渠道、企业品牌宣传载体，兼备电力社群文化交流、电力知识科普、体验智慧用电解决方案等功能。

1.3 运营模式

根据建设与运营管理模式的不同，供电营业厅可分为自营型和合作型两大类。

自营型营业厅是指由供电企业独自运营的实体营业厅，由各营业厅班组负责具体运营服务，由电力公司客户服务中心为各营业厅提供资源支持和专业指导。根据定位和功能的不同，自营型营业厅分为智慧营业厅和24小时自助服务厅。

合作型营业厅是指与政府或行业内其他相关单位联合设立的综合服务营业厅，主要包括水、电、气三厅合一的综合营业厅、市政服务大厅公共服务厅、各区政府服务大厅公共服务厅等。

本书所介绍的营业厅运营和管理要求，如无特殊说明，均特指自营型智慧营业厅。

智慧营业厅

24 小时自助服务厅 

1.4 功能特点

在智慧营业厅，从进厅引导到业务办理，再到进度跟踪，用电客户均可通过智能服务设备自助完成。智慧营业厅具备以下四类特点：

1.4.1 全功能

提供咨询查询、电费查缴、票据打印、业务办理等服务，全面覆盖传统营业厅所有业务。

1.4.2 智能化

充分运用互联网+、物联网、人工智能、大数据等新技术，提升客服智能化水平。自主创新，实现了硬件定制生产、软件自主开发。

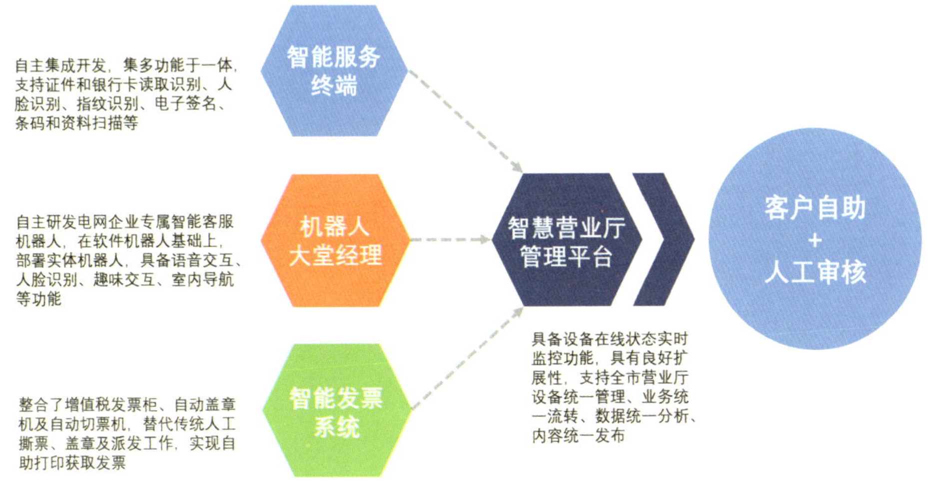

1.4.3 自助化

从进厅咨询引导到业务办理、进度查询，全程、所有业务由用电客户通过智能机器人、智能服务终端、智能发票柜（发票打印机）等实现自助化办电，引导员可轻松解决咨询分流工作，智能设备全面替代了营业厅收费员、业扩受理员、综合业务员及增值税发票专员等岗位，有效缩减了营业厅人工成本。

1.4.4 产品化

智慧营业厅模式可复制性强，易于推广，可快速在电网企业推广应用，并可联合政府、燃气、水务等在政务大厅、燃气或水务营业厅进行推广应用。

应用全面智能化的智慧营业厅将能实现以下几个方面的应用效应：

等候更少 体验更优	• 以过户为例，仅需6个步骤、1次输入、1个签名，5分钟即可办结，比人工柜台节省四分之三的时间
人力更少 成本更低	• 班组人数减少。以S市供电公司首个智慧营业厅为例，班组人数由19人减至8人，大厅值班人员从11人减至4人
便于复制 易于推广	• 此类模式可复制性强、易于推广，可快速在全局、全网以及更大范围内推广应用。目前已在S市供电公司全面推广

1.5 环 境 设 计

1.5.1 设计原则

营业厅的规划设计应统筹考虑供电企业的企业文化、服务理念、客户心理与行为习惯，以及营业厅本身的内部格局等因素。供电智慧营业厅的整体规划设计需遵循九大原则：整体性、规范性、科学性、先进性、前瞻性、人性化、安全性、舒适性、经济性。

1. 整体性

以自助服务类型和服务定位为基础，将各功能区域有机地结合在一起。

2. 规范性

按照供电公司《VIS管理手册》中关于营业厅环境识别分类概况进行装饰布置。

3. 科学性

使用合理的室内空间组织和平面布局，提供符合使用要求的室内声、光、热效应，以满足室内环境、物质及功能的需要。

4. 先进性

充分体现新技术、新材料、新设备的特点，选用绿色节能、防止污染的环保材料。

5. 前瞻性

根据业务发展战略，充分考虑未来业务发展需要，具备调整室内功能、更新装饰材料和设备的可能性。

6. 人性化

以客户的服务需求及服务感受为出发点，营造让客户感到舒适、轻松、方便的服务环境，从细节上关注设备使用的方便性和舒适性。

7. 安全性

符合安全、防火、卫生等设计规范，遵守与设计任务相适应的有关定额标准。

8. 舒适性

具有造型优美的空间构成和界面处理，宜人的光、色和材料配置，符合建筑物性格的环境气氛，以满足人对室内环境舒适性的需要。

9. 经济性

采用合理的装修构造和技术措施，选择合适的装饰材料和设施设备，选择性能价值最优的产品组合。

1.5.2 功能分区

为满足客户智能化、自助化办理用电业务需求，智慧营业厅应设置不同功能区域，包括：服务引导区、自助缴费区、自助业务办理区、增值税发票自取区、电子服务体验区、智慧用电展示区、客户休息区、大客户接待室、客户协调座席、24小时自助服务区、公共事业综合服务区、增值服务产品体验区。下表为各类自营型营业厅功能分区设计表（示例）。

各类自营型营业厅功能分区设计表（示例）

功能区域名称	智慧营业厅	24小时自助服务厅
服务引导区	√	—
自助缴费区	□	□
自助业务办理区	√	√
增值税发票自取区	√	—
电子服务体验区	√	—
智慧用电展示区	√	—

续表

功能区域名称	智慧营业厅	24 小时自助服务厅
客户休息区	√	—
大客户接待室	√	—
客户协调座席	√	—
24 小时自助服务区	□	—
公共事业综合服务区	□	□
增值服务产品体验区	□	—

注 √—必选；— —不选；□—可选。

服务引导区 

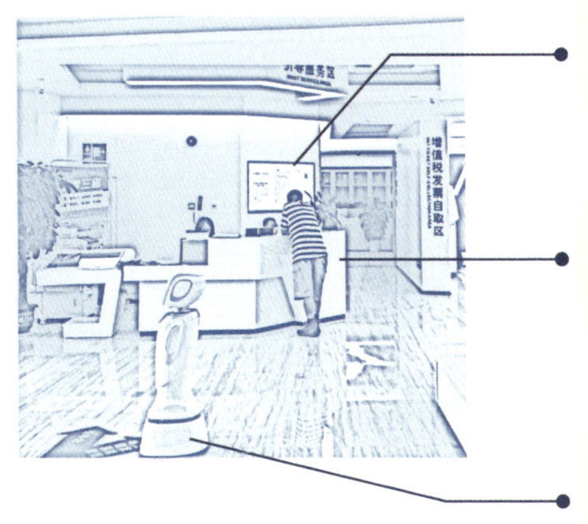

通过电子公告牌播放公告、各项收费标准、服务承诺、报装流程、员工简介表等相关用电信息，便于用户查询

通过服务引导台，对进厅客户进行迎宾、需求识别和服务引导，可由引导员（或机器人大堂经理）提供引导服务

机器人大堂经理具备语音交互、视觉识别、综合展示、移动地图导航、自助充电、提供其他娱乐性增值服务等功能

自助缴费区/自助业务办理区

通过智能服务终端，为客户提供信息查询、电费缴纳、发票和账单打印、其他业务办理等自助用电服务

增值税发票自取区/增值税发票自助打印区

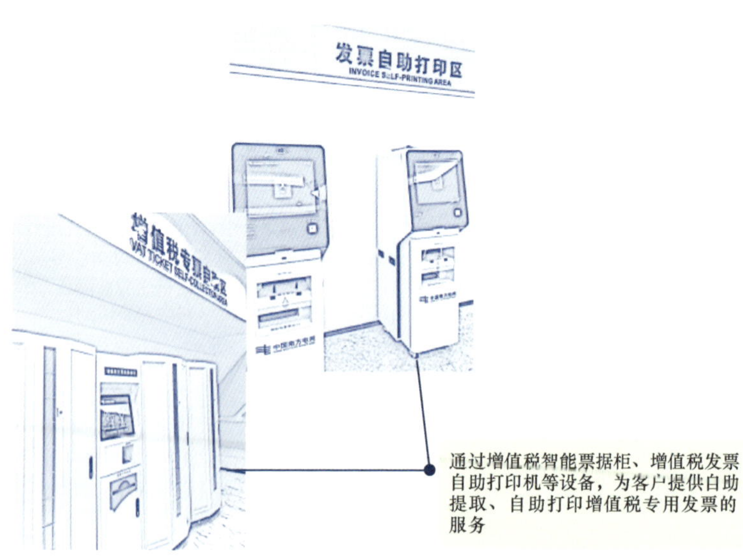

通过增值税智能票据柜、增值税发票自助打印机等设备，为客户提供自助提取、自助打印增值税专用发票的服务

电子服务体验区

通过摆放网厅体验机（一体机）、身份证识别高拍仪、微厅体验机（手机）、掌厅体验机（平板），为客户提供现场电子服务

智慧用电展示区

各营业网点根据实际需求设置智慧用电展示区，为客户提供智慧用电产品现场体验，如电动汽车、智能家居、分布式能源微电网、智能插座、智能用电分析仪、中央空调智能调控面板、家庭智能配电箱等

客户休息区

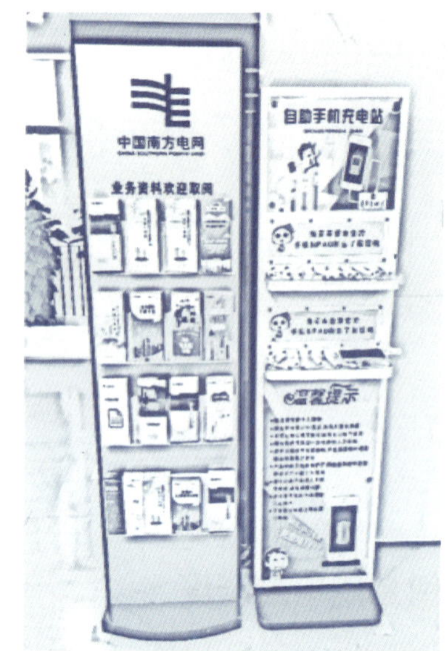

- 各营业网点根据实际需求，配备客户休息座椅、宣传资料架、数码海报服务终端、便民箱、意见箱、客户意见簿、自助手机充电器、饮水机（配水杯）等，为客户提供休息、等候场所

大客户接待室/客户协调座席

- 为接待来访大客户或协调客户需求，营造独立、舒适的洽谈空间

24 小时自助服务区

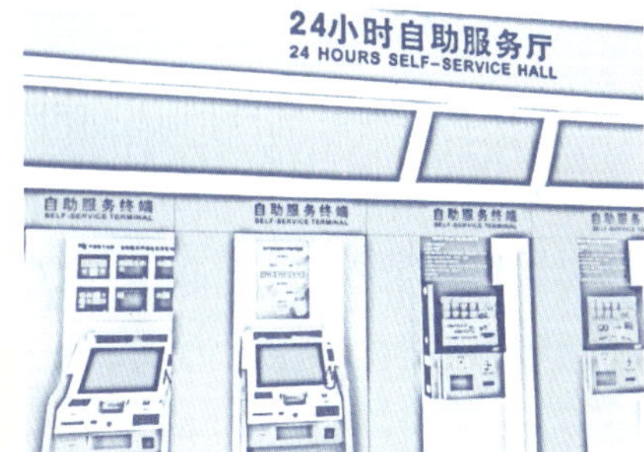

● 配置智能服务终端，满足客户24小时自助办理简单用电业务的需求

公共事业综合服务区

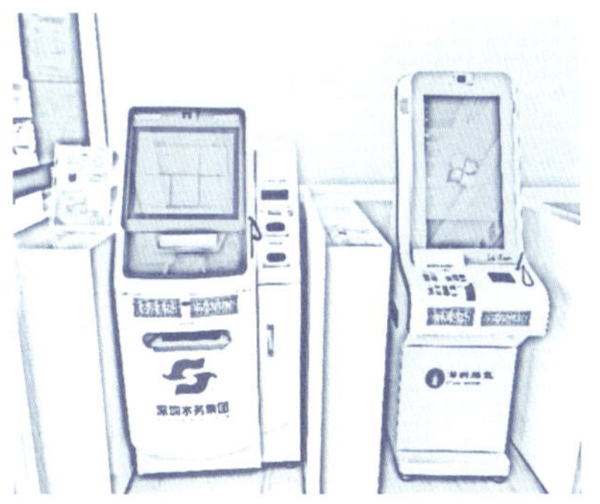

● 配置其他公共事业智能服务终端，满足客户同时办理其他公共事业服务的需求

1.5.3 动线设计

智慧营业厅通过合理的功能分区组合，完善厅内布局及客户动线，力求给客户以良好的自助服务体验。一般来说，用电客户和供电企业对于动线的要求不完全一致，营业厅的动线设计需要以客户动线为主导，在两者要求之间取得平衡。既能够减少客户步行路程，满足客户高效办理业务的需求，又能够为供电企业提供更多的产品和服务展示机会。

对于用电客户而言：厅内动线越直接越好，尽量少走动，减少等候时间，用最少的时间完成业务办理。

对于供电企业而言：保证用电客户在营业厅的到访体验，同时增加厅内增值产品（如电气化厨房、智能家居、电动汽车、用能咨询服务、节能服务以及能源保险等新兴业务）的曝光度。

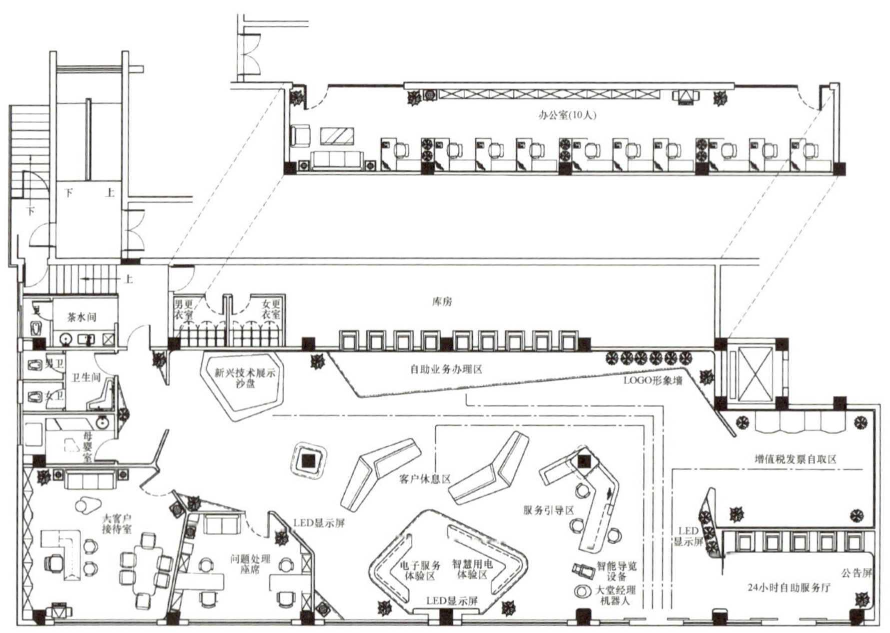

智慧营业厅平面设计图（示例）

2

营业厅服务

供电企业数字化转型极大地推动了服务模式的转变。虽然绝大多数业务均能通过线上办理，但是作为传统业务办理渠道，仍有不少用电客户选择到营业厅办理业务，临厅客户群体类型依然丰富。与此同时，服务模式的转变也为智慧营业厅带来了新的挑战，部分用电客户对营业厅服务的印象仍停留在传统、非智能阶段，全自助化的业务办理方式可能让其感到不适。为了保证临厅客户能获得持续良好体验，智慧营业厅须做好触点服务。

2.1 客户到厅

对于首次来到智慧营业厅的用电客户而言，到厅的“第一印象”是客户办电体验的首个接触点，它奠定了用电客户对智慧营业厅及用电服务的整体观感。因此，在“首接触时刻”提供热情服务至关重要，必须给用电客户留下良好的第一印象。

要点一　客户进入大厅需要及时迎接及引导分流。

要点二　如 1 分钟内不能及时接受咨询或引导分流，应及时请客户到休息区进行等候，记录客户的到访次序，并呼叫后台人员支援。

要点三　判断客户是否需要便民服务或绿色通道服务。

1. 迎接客户

客户来到营业厅时，引导员应面带微笑、主动相迎，询问客户需求。言语表达清晰、态度温和而亲切。应使用标准的普通话或当地方言。

话术和动作示例

（1）客户进入营业厅后，应第一时间上前问候客户，了解客户具体的业务需求，规范用语：“您好，请问您需要办理什么业务？”

（2）客户走近时，应微笑面朝客户，目光正视，主动问候，规范用语：“您好！请问有什么可以帮您？”

2. 特殊群体

如引导员识别客户为重要客户（含 VIP 客户）、老弱病残孕等特殊人群，应提供优先服务，并为确有需要的客户提供差异化服务，如无障碍服务、预约上门服务等。

话术和动作示例

（1）如有身体残疾或年老体衰、行动不便的客户进门，引导员应面带微笑，上前搀扶，并询问："您好，请问需要我协助您吗？"可使用绿色通道为其办理相关业务，提供代办填表等服务，并请客户留下联系电话和地址，以便后续上门服务。

（2）对听力不好的老年人，声音应适当提高，语速放慢。

3. 便民服务

当客户需要相关便民用品时，应主动提供并指导其正确使用。

话术和动作示例

（1）如客户带着湿漉漉的伞过来办理业务，规范用语："您好，您的雨伞可以先放在雨伞架，我帮您放好，您走时请记得拿取。"

（2）如外面突然下雨，客户没有带伞，规范用语："您好，我们这里有爱心雨伞，您可以登记一下联系信息，借取的雨伞在一个月内归还即可。"

（3）如客户忘了戴老花镜，规范用语："您好，我们这里有便民老花镜和放大镜，如果您需要的话我给您取一下？"

2.2 咨询分流

营业厅智慧化转型将打破传统的人工窗口服务模式。智慧化升级后的服务引导台在识别客户需求、准确分流和引导客户的基础上，还肩负着咨询答疑的职责。

为了保证整个咨询分流工作有序进行，客户能够获得完整、良好的服务体验，引导台需配备至少两名引导员，其中一名负责客户需求识别与分流，另一名负责为客户提供电力法律法规、电价电费、用电业务办理等咨询查询服务；营业厅内应至少配备一名流动引导员，负责引导客户前往相应功能分区、指导客户自助办理业务。

要点一　在服务过程中，应贯彻落实首问负责制和一次性告知制。

要点二　通过引导了解客户的真实需求，帮助客户明确要办理的业务类型，减少办错业务的风险；如无法满足客户需求，应明确告知，并耐心解释原因，争取获得客户理解。

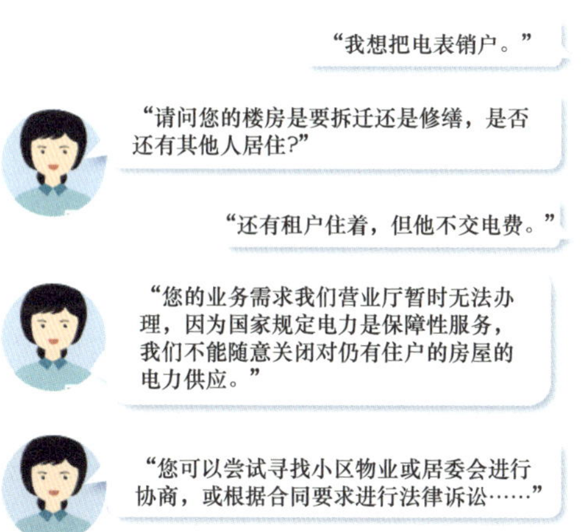

要点三　客户不理解时，应用简洁易懂的语言向客户进行说明。

要点四　引导过程中应向客户推广网厅、微信、支付宝、掌厅等电子渠道方式办理业务，建议客户日后可采用远程渠道办理业务。

要点五　引领客户前往相应区域时，引导员应走在客户的侧前方，以外侧手为客户指引方向。

1. 客户分流

负责分流的引导员应认真倾听、记录、理解并确认客户需求，准确引导客户到相应区域，正确办理相关业务。将客户引导到相应区域后，引导员应保持对客户的关注，并适时提供协助。

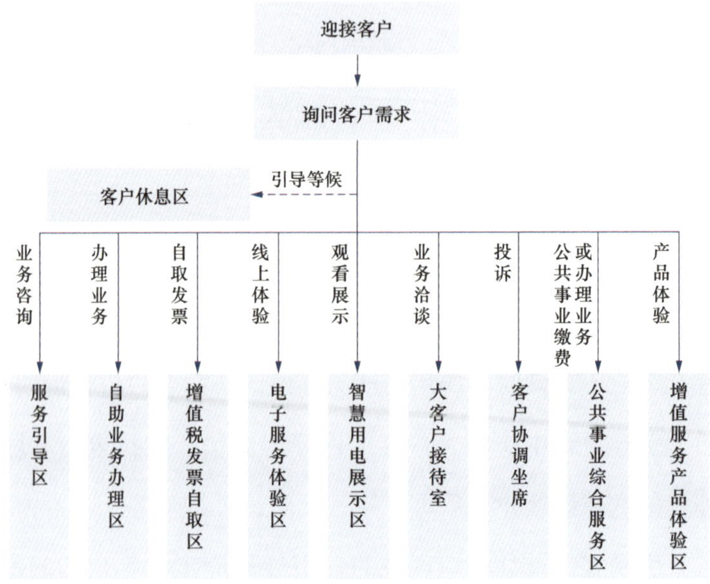

话术和动作示例

（1）若该业务可自助办理，可引导客户至相应功能分区，规范用语："您的这项业务可以到自助业务办理区/增值税发票自取区办理，请您过来这边。"并引领客户至自助业务办理区。

（2）若告知客户可自助办理后、客户仍要求人工办理，应向客户耐心解释原因，理解客户需求，并提供相应帮助，规范用语："目前营业厅已经取消了人工窗口服务，您看那台机器也不需要排队，您可以去尝试自助办理，我们会在一旁全程指导您。"并引领客户至自助业务办理区，指导或协助用电客户办理业务。

（3）若该项业务可以通过远程渠道办理，可将客户引领到电子服务体验区，并向客户积极推广远程渠道办理，规范用语："您的这项业务可以通过线上营业厅/App/微信小程序办理，您可以来这边进行尝试，我们会在一旁全程指导您，以后您就可以随时随地远程进行办理了，不需要再辛苦跑来营业厅，可节省您的时间。"

（4）若前来咨询的为重要客户，可将客户引领到大客户接待室或洽谈室，并安排专人接待，规范用语："请您过来这边，我们安排专员跟您详细洽谈。"

（5）若需要将客户引领至其他楼层，乘坐电梯时，应先按电梯让客人进；若客人不止一人，则先进入电梯，一手按"开"，一手按住电梯侧门，礼貌地说："请进。"到达目的楼层后，一手按"开"，一手做出"请"的手势，礼貌地说："到了，您先请。"

（6）若客户是前来投诉的，受理人员应热情接待，细心倾听，详细记录投诉内容，向客户表达供电公司将对此事予以关注和重视；当客户情绪激动时，应用适当的语言稳定对方情绪，为防止客户在营业厅喧哗，必要时可将客户引领到客户协调座席或洽谈室，规范用语："您的心情我们十分理解，我司非常重视每位客户的感受，麻烦您移步过来这边，我们安排专员跟您进一步沟通了解具体情况。"过程中应不断安抚客户情绪，从客户角度出发，认真理解客户的抱怨。

管理创新思考

打破传统人工窗口服务模式后，在营业厅内获取服务将不再需要取号，这会导致咨询分流情况难以跟踪、责任难以到人、首问责任制难以有效落实等情况出现。针对此情况，需要进一步推动人工服务电子化，通过将经办人、业务工单及办理资料相关信息进行电子化记录，使人工服务可留痕、可归档。

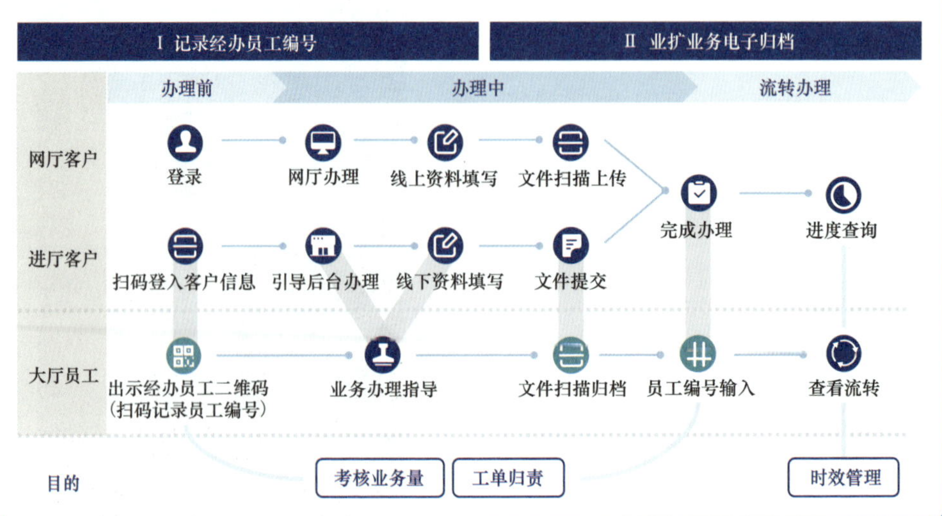

2. 客户咨询

在客户咨询过程中，引导员应认真倾听客户问题，明晰客户的需求，耐心帮助客户解决问题，对于简单问题应礼貌地及时应答。客户叙述不清时，应用礼貌语言引导或提示客户，不随意打断客户的话语。查询、咨询工作要快速进行，避免让客户长时间等候。过程中引导员应全程面带微笑、语气温和，勿流露出不耐烦的表情。尽量少用生僻的电力专业术语，以免影响与客户的交流效果。

话术和动作示例

（1）用户编号查询，规范用语：“请提供您的用电地址和户主姓名，我们帮您查询一下。这个是您的用户编号，请收好。”

（2）业务办理咨询：

1）当客户希望了解业务办理所需材料时，引导员应一次性告知，提供纸质版材料清单或引导客户通过远程渠道获取相关信息，规范用语：“这份是业务办理指南，需要准备的材料有……材料准备齐全以后可以在×××进行办理，提交申请以后×个工作日内会办理完成，您可以看一下，如果有不明白的地方可以随时咨询我们，或者拨打电话95598进行咨询。”

2）当客户希望查询业务进度时，引导员应快速查询，并可引导客户通过远程渠道获取相关信息，规范用语：“请提供您的用户编号或用电地址。您之前办理的×××业务，目前进展至×××环节，预计×个工作日内会办理完成。”

3）如需引导客户通过远程渠道获取相关信息时，规范用语：“您想要咨询的内容可以通过我们的App或微信公众号获取，您可以扫码关注一下我们的微信公众号，我告诉您在哪个地方。以后您就可以直接在手机上进行查询，不需要再辛苦跑来营业厅，节省您的时间。”

（3）停电咨询：

1）当客户希望查询停电原因时，规范用语：“请提供一下您的用户编号或用电地址，我们帮您查询一下。”

2）如发现停电是因检修停电引起时，规范用语：“抱歉，停电是因为计划检修/临时检修引起的，预计会在×时恢复供电，给您带来的不便敬请原谅。您可以扫码关注我们的微信公众号或下载 App，上面可以查询停电信息。”

3）如发现停电是因事故停电引起时，规范用语：“抱歉，停电是因为××地区发生事故引起的，目前正在全力抢修中，预计会在×时恢复送电/我们会尽快恢复供电，给您带来的不便敬请原谅。”

4）如发现停电是因欠费停电引起时，规范用语：“根据查询结果，停电是因为欠费引起的，电费结清后 24 小时内我们会为您恢复供电。您可以扫码关注我们的微信公众号或下载 App，上面可以查询及缴纳每月电费，方便您及时了解电费缴纳情况。”

（4）若问题无法马上答复，应向对方说明暂时不能马上答复的原因，并致以歉意，引导客户到相关座席，或留下客户的联系方式，在有结果后及时通知客户。规范用语：“不好意思，您的问题我们需要联系相关部门/专家了解具体情况后才能够答复您。请您过来这边稍等/请您留下联系方式，我们得到回复后立即联系您。”

（5）若前一位客户查询、咨询时间过长，让下一位客户久等时，应首先礼貌地向客户致歉，规范用语：“抱歉让您久等了！请问您想要咨询什么问题？”

管理创新思考

查询用户编号是用电客户到厅的常见咨询事项，也是办理业务“钥匙”。未来智慧营业厅可大力推广用户编号二维码的应用场景，通过扫码登录功能，免去客户在自助智能终端上反复输入和检查用户编号的烦恼，降低用户编号查询和输入过程中可能存在的操作风险，简化办理流程，提高办理效率和客户体验。客户可通过微信小程序或 App，获取用户编号二维码。同时，服务引导区可为客户提供用户编号二维码打印服务。

场景一

❶ 在使用自助终端机办理业务时，可以根据宣传物料扫描二维码进入平台获取用户二维码（代替手动输入用户编号）。

❷ 扫描二维码进入微信公众平台后，点击“我的用电–我的二维码”，即可生成用户二维码。

❸ 将生成的用户二维码在自助机右下角的有红色指示灯闪烁的屏幕下扫码，即可登录成功。

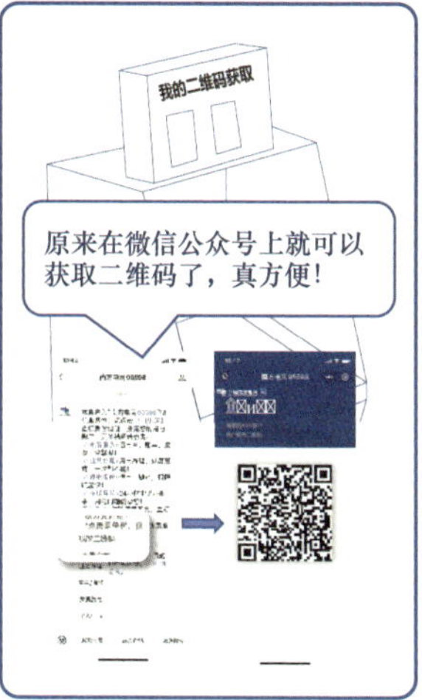

场景二

❶ 对于自助获取用户二维码未成功的客户，引导员要及时引导和帮助。

❷ 客户可以通过前台咨询帮助生成用户二维码，打印出纸质二维码或客户拍照留存，都可以使用。

❸ 将打印出的或是照片用户二维码在自助机右下角的有红色指示灯闪烁的屏幕下扫码，即可登录成功。

我帮您查一下用户二维码，能给我一下您的手机号码/身份证号/住址吗？

187×××××5662

好的，帮您查询到了用户二维码。您拍照留存好，或者我帮您打印出来，都可以在自助设备上使用。

2.3 等候服务

如等候咨询或办理业务的客户数量较多，引导员可指引客户到休息区稍做等候。休息区为等候办理的客户提供手机充电、茶水等各类便民服务。

要点一　引导员应对客户保持关注，按序服务。

要点二　随着营业厅打破传统人工窗口服务模式、取消叫号服务，客户对等候时间会变得更敏感。因此在需要客户等候时，引导员应该告知客户原因及预计需要等候的时长，让客户相应调整自己的心态和预期，减少焦虑感。

关怀服务

如客户在客户休息区或人工服务座席等候时间较长，引导员可主动提供关怀服务。

话术和动作示例

（1）可面带微笑主动递上茶水，规范用语："您好！我们这里有为客户免费提供的茶水，请慢用。"

（2）适时为客户提供宣传资料、报刊阅读，规范用语："您好！现在等待的人比较多。我们这边备有×××资料，对您安全用电、科学用电有帮助，如果您有兴趣，可以翻阅一下。我们稍后为您办理业务/提供服务。"

（3）将客户引导至智慧用电展示区或增值服务产品体验区进行体验，规范用语："您好，现在是办理高峰期，还要等待一段时间，您可以到我们的智慧用电展示区/增值服务产品体验区了解一下我们最新推出的用电服务/产品/政策。"

管理创新思考

在打破传统人工窗口服务模式后，无论是业务咨询还是业务办理都不再需要取号，取号机将随之取消。为了解决取号机取消后可能导致的现场秩序问题，未来可通过机器人大堂经理，进一步对中高频问题场景进行疏导和辅助，如：在人员流量较大时，由机器人协助引导员进行分流和疏导；临时性设备故障后，由机器人进行提示和简单安抚。

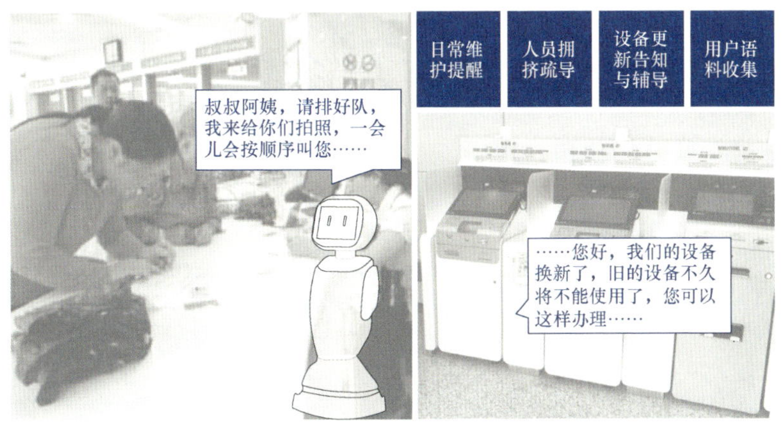

2.4 自 助 服 务

自助服务一般是指客户利用营业厅的自助服务终端，或者在营业厅内利用智能设备，通过网厅、掌厅、微厅办理用电业务。营业厅完成智慧化转型后，自助服务将成为营业厅服务的核心接触时刻。为了保证用电客户在业务办理过程中能获取持续良好的体验，引导员需保持对客户的关注，并根据实际情况，判断客户在自助办理业务过程中是否需要协助或指导。

要点一　在营业厅转型、系统设备更新的初期，需有足够的引导员协助和指导客户完成自助业务办理，帮助客户学习自助办理业务。

要点二　如客户为熟悉客户，或表示不需要协助或指导，引导员应礼貌离开，但仍需对客户保持关注。

要点三　如设备或系统出现故障，影响了客户业务办理，引导员应注意及时安抚客户情绪，并为客户迅速提供解决方案。

1. 协助办理或人工审核

引导员接到客户在终端的呼叫信号时，应及时前往指导或审核。客户需要时，引导员应协助或指导客户在营业厅智能服务终端或远程渠道自助办理业务。营业厅智能服务终端办理的业务须人工审核的，引导员收到呼叫后，应及时在终端或 App 上进行审核。

话术和动作示例

（1）收到呼叫信号时，使用问候语："您好，请问有什么可以帮您?"语言表达清晰，语气温和亲切，使用标准普通话或当地方言。

（2）接收或递还材料时，客户递上资料证件，应双手接过，说"谢谢"；

递还证件，应将证件的正方朝向客户，并再次致谢。

✓ 双手主动上前
✓ 递送物品要便于对方接拿
✓ 注意物品的尖、刃面向内

（3）客户输入密码等敏感信息时，引导员应转身避开。

2. 故障处理

因设备出现故障而影响业务办理时，引导员首先应致歉并迅速引导客户至其他设备办理业务。

因系统出现故障而影响业务办理时，如短时间内可以恢复的，应请客户稍候，并致歉；需较长时间才能恢复的，推荐客户使用其他电子渠道办理，如其他电子渠道无法办理，则分流至人工服务办理；若全渠道故障均无法办理，除向客户道歉外，应留下客户的联系电话及相关资料，以便系统恢复后联系客户，根据客户意愿选择合适的渠道办理业务。

营业员应关闭出现故障未能恢复的智能服务终端，在显著位置放置“暂停服务”标识牌，或者在终端显示页面列示“暂停服务”标志。

话术和动作示例

（1）如设备出现故障影响业务办理时，规范用语：“抱歉，给您添麻烦了，请您移步来这台终端重新办理。”语气温和亲切，引导时应走在客户的侧前方，以外侧手为客户指引方向。

（2）如系统出现故障，且短时间内可恢复，规范用语："您好，营业厅系统出现故障，已经联系相关技术人员，给您带来的不便，非常抱歉。""您可稍做休息，或到展示区/体验区参观一下。稍后系统恢复后，马上通知您过来办理。"语气温和亲切，如将客户引导至休息区，应同时提供关怀服务，主动递上茶水。

（3）如系统出现故障，且短时间内难以解决，规范用语："方便的话，您可以留下联系方式，等恢复后我们尽快通知您，非常抱歉！""我帮您检查一下相关材料，如果材料齐全的话，您可以留下材料和联系方式，待系统恢复后我们马上帮您办理，您看可以吗？"

3. 临近下班

临下班时，对于仍在智能服务终端办理业务的客户，应耐心等待其业务办理结束，再关闭智能服务终端等设施设备电源。下班时仍有客户在等候办理业务的，不可生硬拒绝，如营业厅设有 24 小时自助服务区，或者该业务可以通过远程渠道办理，可引导客户前往办理；如该厅没有 24 小时自助服务区，或 24 小时自助服务区处于维护关闭状态，或该业务无法在 24 小时自助服务区的智能服务终端、远程渠道上办理，引导员应迅速请示领导，视具体情况延长营业厅服务时间。

管理创新思考

为了给客户提供一个舒适宜人的自助服务环境，创造主动、热情、贴心的服务氛围，营业厅需要不断提高现场管理智能化水平，来弥补大厅转型、人员精简后，在客流高峰期无法及时、全面兼顾所有客户需求的问题。营业厅可以通过配备高清摄像头、传感器等设备，对大厅进行活动轨迹、活动热点的识别与分析，获取客户动线分析（附带员工动线分析）、用电客户简易画像、产品信息交互热点等，便于识别和预判客流高峰并进行预警。对于现场出现的情况，可以及时识别，推送给前台人员，同步呼叫后台人员、班长等。

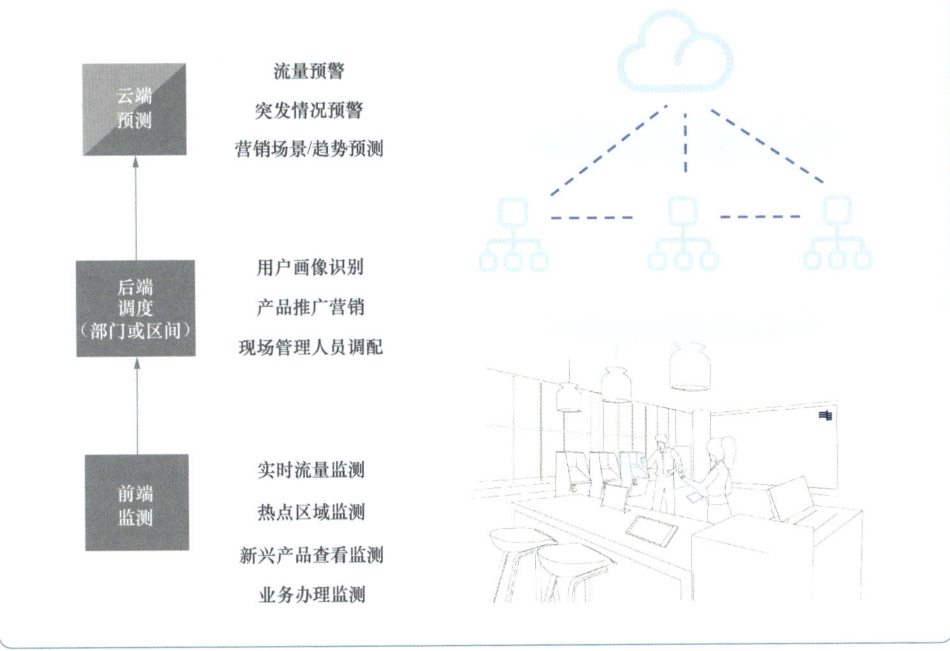

2.5 增 值 体 验

转型升级后的智慧营业厅将充分发挥实体营业厅的平台功能，以客户需求为导向，推广、展示更加全面的能源生态服务，比如展示增值产品，如电气化厨房、智能家居、电动汽车展示等，或者提供新型用能服务，如用能咨询服务、节能服务以及能源保险服务等。营业厅可通过引导员介绍、发放宣传册、播放宣传视频、产品展示和体验使用等方式，引导用电客户体验增值服务。本小节以保险业务、智能家电营销为例，介绍相关话术和动作。

要点一　引导员需要在客户办理业务的过程中识别客户需求，邀请客户选择合适的体验内容；如客户不感兴趣，不要强行邀请客户进行体验。

要点二　引导员需对介绍的内容足够熟悉，能全面、清晰、准确地向客户介绍相关产品功能、特点、使用步骤等，耐心解答客户疑问，避免出现解答不准确、回答模糊不清等情况出现。

要点三　如客户有意愿购买产品或获取服务，引导员应推荐其在相关渠道下单购买，或者留下客户联系方式，转交专人跟进并提供后续服务。

1. 以业务营销——保险业务为例

（1）引导——完成办理后初步引导推荐。

“您的×××业务（如增容报装电桩）已办理完毕，请问您还需要办理其他业务吗？”

“请问您的车是否买了保险，我们这边还提供了××（汽车品牌）汽车保险服务，要不要了解一下？”

（客户无兴趣）“这是我们的宣传册，您可以拿回家看看。”

（2）推荐——介绍保险内容。

“请问您具体想了解交强险还是商业险？”

“请问是否可以说一下您的需求或用车行为，我给您介绍下产品及报价，我们的商业保险有××险、××险、××险……”

（根据客户场景推荐）“一般新车我推荐您购买车损险和三者险，夏天经常会下暴雨发大水，您也可以了解一下涉水险。”

（3）答疑——解答客户疑惑

- “在你们这里投保能放心吗？”

“这个您可以放心，××（品牌）保险公司有丰富的保险行业经验，安全可靠，尤其是在电力保险业务方面（介绍公司概况），能为您提供专业的保险服务。”

- “请问我要怎么投保？”

“您可以扫描这个二维码，这个是××（保险品牌）保险的官方平台，进入页面填写您的信息进行投保。”

（4）送别——提醒客户并送别。

“后续有什么问题可以随时向我咨询，别忘了带好您的随身物品，请慢走！”

2. 以产品营销——智能家电为例

（1）引导——完成办理后初步引导推荐。

“您的×××业务已办理完毕，请问您还需要办理其他业务吗？”

“目前我们厅有××（电器品牌）电器的最新产品，这是我们的宣传介绍，您有兴趣可以了解一下。”

“您好，这里可以体验××（电器品牌）电器的全系产品，您要来试一下吗？”

（2）推荐——介绍产品功能。

“××品牌目前有厨房电器和日用品两大系列，核心产品是养生壶，另外还有饮水机、烤箱、蒸炖锅、电热水壶、保温杯等。”

“这款产品是×××，××品牌在饮食电器领域深耕多年，这款产品可以……（功能/使用），同时，可以……（功能/使用），此外，还能……（特点）。比如您在……的时候，它可以为您解决不少麻烦，非常方便好用！”

“我给您现场演示一下吧，首先，您可以……，接着……，然后就可以了，您要不要来试试看？”

（3）答疑——解答客户疑惑。

- “这款产品还不错，就是价格有点贵。”

“这款产品确实是有些贵，但是相比其他品牌，它有……的优势，在这个领域中处于比较领先的位置，质量有保障，‘一分钱一分货’。如果觉得价格不太合适的话，这里还有性价比更高一些的产品，可能更适合您。”

- “产品的质量没问题吧，这里卖的是正品吗？”

“×先生/女士，您放心，我们公司已经与××品牌达成了战略合作，所售的产品都是正品，拥有三包认证，品质绝对保障。××品牌也会为您提供专业的售后服务，您可以放心。”

- “请问如何购买呢？”

“这款产品可以通过扫描这里的二维码进入××线上平台登录页面进行下单，我指引您操作一下。”

（4）送别——提醒客户并送别。

“使用中有什么问题您可以随时向我咨询，别忘了带好您的随身物品，请慢走！”

2.6 送 别 客 户

客户即将离开营业厅时，就是这次办电体验的“末接触时刻。”在这个触点上，要热情地与客户道别，让客户有“被重视感”。在客户完成业务办理或体验结束后，引导员可邀请客户进行服务评价，收集客户对于智慧营业厅服务的意见建议。客户离厅前再次提醒客户携带随身物品，并礼貌送别客户。

在日常工作过程中，引导员需及时关注、查阅客户意见箱（簿）。对客户反映的意见和建议，应及时向营业厅负责人反映，在3个工作日内将答复意见反馈给客户，并做好记录。营业厅负责人每月收集整理、归纳分析、上报客户的需求信息、意见和建议等，报送客户服务中心。

话术和动作示例

（1）邀请客户作出评价，规范用语：“您好，您对今天在营业厅的办事体验还满意吗？假如方便的话能打扰您几分钟做一个简单的满意度评价吗？我们会根据您的意见建议进一步改善我们的服务，提升我们的服务水平。”

（2）提醒客户带走随身物品，规范用语：“请记得带走随身物品。”

（3）送别客户时，引导员应面带微笑，身体微向前倾，规范用语：“再见，请慢走。”

管理创新思考

随着营业厅管理智慧化水平进一步提升，供电企业内部需要不断建立健全线上信息反馈机制。针对业务办理和客户反馈中出现问题较多的地方，员工可定期通过线上系统反馈给后台，由后台技术人员进行优化，形成良性信息闭环，从而提升客户使用体验。

❶ 鼓励员工在线信息反馈：员工通过线上系统提交信息优化建议。

鼓励班员收集公众平台、线上系统、市场营销等问题在线反馈。例如某班员在线反馈2条问题，并提出期待改进的方向，采纳应用的建议在量化考评中加分。

❷ 完成反馈闭环：收集反馈信息→线上系统反馈→后台优化修改→ 优化解决与推广。

鼓励员工信息反馈	收集反馈问题	线上系统反馈	后台优化修改	优化解决与推广
1.倡导员工反馈 2.鼓励提出优化方向 3.成功应用的在量化考评中加分	1.自助终端机使用BUG 2.在线平台优化建议 3.新兴业务障碍 4.复杂业务处理案例	通过移动端或电脑端线上系统进行反馈	1.后台工作人员收到信息反馈后，在系统状态中进行修改，让提交反馈的班员清楚修改进展 2. 将最终的优化解决方案反馈给班员与营业厅	1.在线平台优化，试点推广观察客户和员工反馈 2.业务处理案例内部学习 3.新兴业务开展方式学习 4.将优秀实践方案增加进培训内容

例 通过不同的途径鼓励员工在线信息反馈。

总结业务办理中经常遇到的问题。

班员：客户在线缴电费时，需要手动输入且无确认提示，导致经常输错金额。

客户：输错金额还要到银行办理退费手续，很麻烦！

客户在线缴费时，需要手动输入且无确认提示，导致经常输错金额。

将经常遇到问题的详细情况在线上系统“工作台”板块上传。

信息问题反馈

信息类型：客户线上平台缴费优化

场景描述：………

操作流程描述：………

在线显示反馈信息的处理进程。

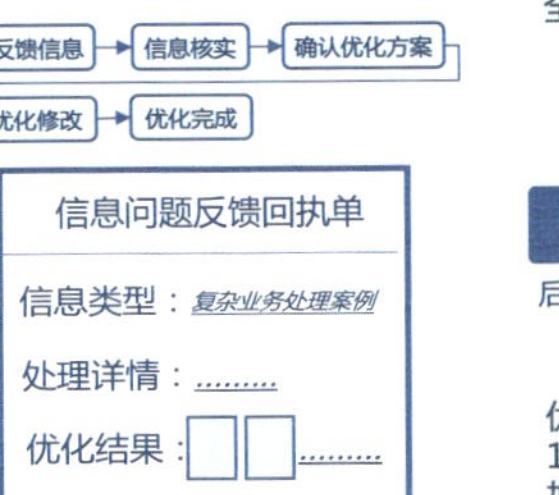

试点推广，如试点期间反映良好，全面更新优化成果。

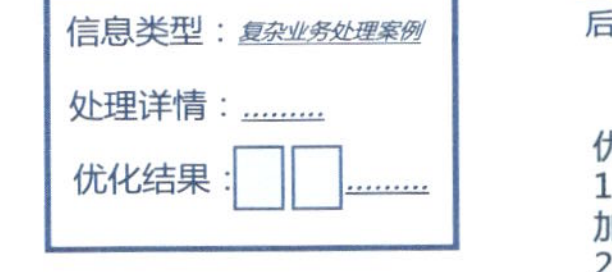

优化结果：
1.针对缴费金额界面进行优化，增加金额确认。
2.视觉呈现上进行突出显示。

2.7 接 待 引 导

在正常服务时间内，营业厅有时会接到接待任务，或迎来参观学习的来访者。为满足来访者参观的目的，充分展示营业厅良好风貌，营业厅应设参观接待联系人，原则上由营业厅负责人担任，负责落实接待任务，对参观接待工作进行整体安排。同时应设有汇报员，原则上由本营业厅营业员兼职担任，负责参观过程中的汇报、讲解、引导工作及营业厅电力展示区的讲解工作。

要点一　接待工作不能影响营业厅的正常工作秩序，接待人员应做到热情、周到、规范、适度；接待工作应避免安排在业务高峰时段，如必须在业务高峰时段应提前做好管理现场秩序的准备。

要点二　参观接待联系人负责班组内部相关事宜的安排和落实，根据营业厅的运作情况与相关部门做好充分的沟通协调。接待任务中如涉及跨部门跨专业的交流，需提前协调专业人员陪同接待。

要点三　汇报员应具备优良的职业道德和高度的责任心；要求端庄大方、热情有礼、不卑不亢、反应灵敏、训练有素，熟练掌握接待礼仪，汇报语言应使用标准流利的普通话；熟悉营业厅及本单位的基本情况；熟悉营业厅各种供电服务内容及业务流程，熟知各类服务、体验设施设备的功能和操作使用方法，掌握营业厅最新动态。

1. 接待准备

（1）制订方案。 营业厅负责人应在接到接待任务后 1 个工作日内组织制订接待方案，包括接待组织及人员安排、工作汇报安排、安全保卫、着装要求等。

（2）下达通知。营业厅参观接待联系人应将参观信息及时知会营业厅营业员及兼职岗位人员，通知内容包括：迎检时间、讲解重点、着装要求，并提供讲解稿，通知汇报员做好迎检准备。知会场所管辖物业管理公司对相关人员和车辆放行。

（3）准备讲解词。汇报员应熟悉各班组日常业务，能够流畅讲解相关内容并回答领导提出的日常业务问题，讲解内容需提前准备并熟练讲解词，如参观单位为政府部门，汇报员需将讲解内容报备至供电企业职能部门。按照来访参观对象的不同，定制相应的引导讲解词版本，临时更改内容以营业厅负责人书面通知为准。原则上，面向供电系统内部的讲解词应侧重介绍业务指标和专业介绍；面向系统外的讲解词应侧重展现供电公司服务形象和企业文化。

（4）准备欢迎词。营业员可视实际情况在参观区域的合理位置设立欢迎牌。装有电子显示屏幕的营业厅可设置欢迎语，以提升仪式感。如接待任务安排在上午，应在前一日下班前做好准备；如接待任务安排在下午，应在当日中午前做好准备。

（5）场所准备。营业员应提前1个工作日做好以下准备工作。

- 宣传资料。准备充足的宣传资料，以备参观人员取阅。宣传资料需及时更新，适合时宜。上墙展示牌摆放整齐，无破损无污渍。
- 演示资源。准备适当的演示资源，以备演示需要。
- 辅助设备。检查各类辅助接待物品（如Pad控制器、麦克风、演示激光笔）是否可用，设备是否正常连接，电子屏幕是否正常播放，检查智能设备纸张和碳粉余量是否充足。
- 安全整洁。做好营业厅安全保卫和清洁保洁工作，落实保安人员及有关安全防范措施，确保现场环境整洁卫生。

- 仪容仪表。整理仪容，按规定着装和佩带工牌，引导员可佩戴礼仪绶带。

（6）接待前复检。接待前 2 小时，参观接待联系人对准备情况进行复检，汇报员对演示设备进行复检。

2. 现场接待

（1）分工明确。接待工作人员要有明确的分工，做到各司其职，各负其责，井然有序。营业厅其他工作人员正常接待办理业务的客户，并适当给予解释。

（2）有序汇报。接待过程中，汇报员应将参观人员引导至服务区人流较少处或公共接待区进行情况汇报，避免影响前来办理业务的客户；在汇报过程中，若遇到提问，应礼貌地暂停汇报，简明扼要地回答问题。

（3）语言规范。汇报员汇报时音量适中，语气柔和，确保参观人员听到，汇报语言应使用标准流利的普通话。如有外宾参观，需安排精通外语的员工予以接待汇报。

（4）合理引导。引导参观人员在营业厅内行走时，应避开使用设备的客户，不得横穿客户队列。引导时，汇报员步行速度不宜过快，应匀速稳重，并以引导手势予以引导。

（5）礼貌应对。营业厅接待人员及本单位接待陪同人员应热情礼貌地回答参观人员提出的问题。当参观人员走近值班营业员时，营业员应主动向参观人员点头微笑示意和问好。如参观人员向营业员询问情况时，营业员回答问题应热情、清晰、流利、规范。

（6）安全防范。营业厅接待人员应高度保持安全防范意识，避免安全事故的发生，令参观人员受到伤害；如遇突发事件，应马上控制场面，保护好参观人员并护送参观人员离开。

（7）送别参观人员。当参观人员将要离开时，营业厅负责人及汇报员应站在门口欢送。

话术和动作示例

（1）欢迎词。尊敬的×××、各位领导，上午好！我是员工×××，对×××一行莅临表示热烈的欢迎！

（在我们营业厅，除了大门以外，还有一个消防门位于××，可作为消防紧急疏散之用）现在请各位领导观看一个视频介绍宣传片。

（2）介绍营业厅情况。各位领导，我们××营业厅位于××，于××××年建立，具备了……特点。××供电公司为了……，以……为引领，提出了……，进行了……举措，取得……成效，实现了……目标。

（3）介绍优化营商环境相关举措。各位领导，这边请。这里的两块信息公开电子屏向客户展示了营商环境条例，业扩办理时限、供电服务热线、投诉建议渠道等信息公开内容，方便客户知悉营商环境相关条例和内容。这也是我们对流程时限、收费标准、收费依据等内容对外公开的渠道之一，从而使我们的工作更加透明化（可以某一时限或标准为例展开讲）。

（4）介绍自助业务办理区。领导这边请，这里是业务办理区，请各位体验一下。这台智能终端可以提供××服务，一台设备可以进行……，具备了……功能。下面我给各位领导演示一下。点击低压新装。开始选择××，然后选择××，这里告知客户需要……，取消了……，简化了……，通过签订《供电协议》，××供电公司全面梳理了……，进一步简化客户报装资料，减少客户负担，实现了……。然后点击证明的类型，下一步，读取××。录入手机号码，获取验证码，录入，这时要进行一下人脸识别，确保办理业务××。客户确认受理信息。然后签名，点击“提交审核”，业务申请成功。我们通过智能服务终端实现了……，最后用人脸识别技术确认客户身份。客户可以扫描回执上的二维码，一键查询办理进度。这台智能终端也上线了××业务，可以用来……，客户只需要……，即可方便快捷办理完毕。

领导，这是××供电公司营业厅的新一代智慧产品设备——××终端。该终端由××供电公司自主研制开发，是……，具备了……功能，实现了……。您看，我只需要……，机器会……，实现……（进行设备演示）。

（5）介绍大客户接待室。 各位领导，这边请，这里是大客户接待室。在这里，我们可以提供差异化服务，在办理业务咨询的同时，也为客户提供一站式增值服务……。今年，我们为了……，提出了……具体措施。各位领导，我们将全力履行以上措施，不断深化服务，有效……，实现……（当年主要工作目标）!

（6）介绍电子服务体验区。 各位领导，这边请，这里是我们的电子服务体验区（远程渠道体验区），主要是让用电客户体验我们的三大远程渠道（网厅、掌厅和微厅）。我们营业厅除了为用电客户提供高效、便捷的用电服务以外，还会给用电客户提供智慧用电体验。这块大屏幕主要展示的是我们的掌厅App。通过这个 App，可以实现……功能，也可以在这个 App 进行……。

（7）结束语。 各位领导，营业厅的参观就到这里，感谢各位（现在请各位移步到会议室，我们有……安排）。

（站在门口欢送）谢谢您的光临指导，请慢走。

3. 任务总结

（1）总结经验。 参观结束后，营业厅负责人组织接待人员和陪同人员及时总结接待问题，对参观人员提出的相关问题加以讨论，典型问题可形成问答知识题库，供接待人员学习。

（2）总结重要指示。 在重大接待任务结束后，总结本次视察领导提出的重要指示，及时向上级部门报告。

基本文明用语和服务忌语

- 您好，请坐，请问您需要什么帮助吗?
- 请稍候，我们马上为您办理!
- 再见，您慢走!
- 打扰了，再见，谢谢您的合作!
- 别客气，这是我们应该做的!
- 您好！因为线路检修（或线路故障），导致您那里停电了，请谅解。大约会在×时送电。
- （与客户交谈时）您好、请、谢谢、麻烦、再见、打扰了。
- （工作出现差错时）对不起，是我不对，请原谅，欢迎您多提宝贵意见!

- 你找谁?
- 我不知道/我不清楚。
- 我管不了，这是规定。
- 我有什么办法，政策又不是我定的。
- 这是系统的问题，我也没办法。
- 有意见，找上级（领导）提。
- 快下班了（已经下班了），有事明天再说。
- 说过了，怎么又问。这都不明白。
- 我不能告诉你……
- 说完了没有。
- 我不是跟你说得很清楚了吗?

NOTE

3 营业厅管理

供电营业厅的智慧化转型，不仅给其服务带来挑战，也给其管理带来了挑战。传统的人工窗口服务转变为自助服务后，对营业厅系统和设备的稳定性有了更高要求，需要将设施设备的日常维护管理，以及突发问题处理纳为营业厅管理的重点工作。

3.1 班务管理

3.1.1 营业时间

营业厅根据实际情况安排营业时间。营业时间应通过各种渠道对外公布，并严格遵守公布的营业时间。如遇特殊情况，如装修施工、搬迁、停业等，营业厅需要调整营业时间的，应至少提前5个工作日通过营业厅公示、公众号推送、短信通知等方式对外公布，并报备至营业厅上级管理部门。

营业员应提前15分钟上岗，启动现场设备，检查相关设备、物品是否正常，资料是否齐全，确保通信线路畅通，做好营业准备。

推出“无午休”服务制度的营业厅，午休时间实行值班制，服务引导区应有至少一名引导员在岗，以保证营业工作正常有序开展。

管理创新思考

随着用电业务逐渐线上化，到厅办理业务的人数逐步减少，尤其是周六日。未来智慧营业厅可根据实际到厅客流量及需求合理调整营业时间，比如取消周日营业时间，周六减少50%的营业厅营业，或者按片区划分统筹考虑，双休时间片区内营业网点轮流营业。调整营业时间需要做好告示和引流指引工作，避免客户白跑一趟。

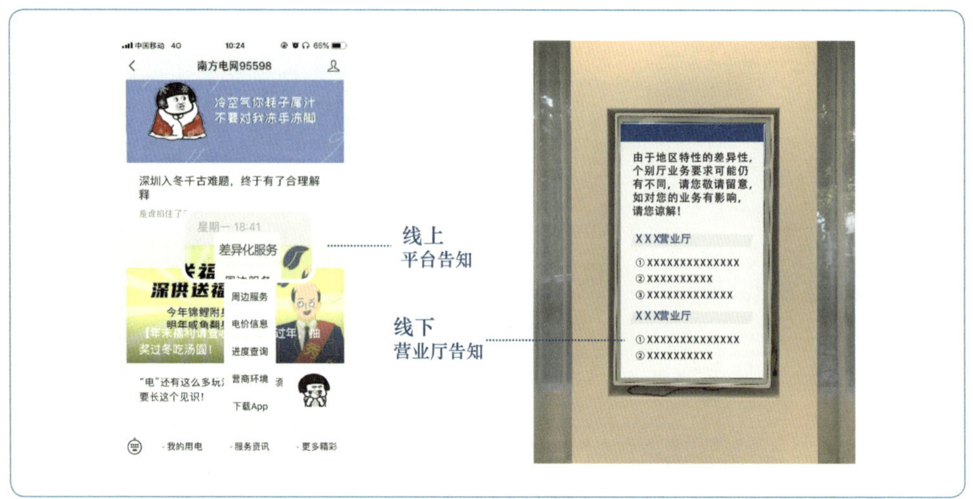

3.1.2 班务会议制度

转型后的智慧营业厅，应持续落实早会及周会制度，形成常态机制。早会和周会一般由营业厅班长主持，如班长当天无法主持，可委托其他营业员代为主持。

- 早会制度：每日在正式营业时间前召开早会，及时传达、更新业务信息，进行班前仪容检查、仪态训练。早会结束后，主持人需要填写早会情况登记表（示例见下表），并报送客户服务中心。早会召开情况纳入营业厅日常考核指标。
- 周会制度：分析客户信息、意见和建议，针对服务热点问题进行讨论并提出解决措施或建议。

3.1.3 交接班管理

在营业厅智慧化转型、打破传统人工窗口服务模式后，交接班主要适用于前台引导员，交接内容主要是当日工作内容，特别是需再次答复客户的工作，避免因为工作交接不足致使服务脱节和中断。交接人员应填写交接班情况登记表（见下表示例），详细记录当天未完成事项，由接班人员签字确认。

营业厅早会记录表（示例）

××营业厅早会记录		年　月　日
值班人员	早午班	张一□；张二□；张三□；张四□；张五□；张六□；张七□；张八□；张九□；张十□
	正常班	张一□；张二□；张三□；张四□；张五□；张六□；张七□；张八□；张九□；张十□
仪表检查	工作服□；　鞋子□；头饰□；丝巾领带□；工号牌□；着装规范□；仪容规范□	详情：
会议详情		

交接班情况登记表（示例）

序号	交接时间	交班人员	未完成事项	接班人员

上述交接班管理规定同样适用于后台营业员因培训、请假，需要将工作交接给其他营业员负责的情况。

注意事项

- ✓ 如交接时间有客户正在咨询，应服务完当前的客户后再进行交接班；若营业厅内人流量大，交接班时间可灵活调整，在协助厅内引导员做好客户分流疏导后，再进行交接班。
- ✓ 交接班应快速进行，如遇下一个客户在等待时，应向客户致歉，并解释原因。

禁止事项

- × 在接待客户的过程中进行交接班。
- × 在交接过程中闲聊。

营业厅日常营业流程图（示例）如下：

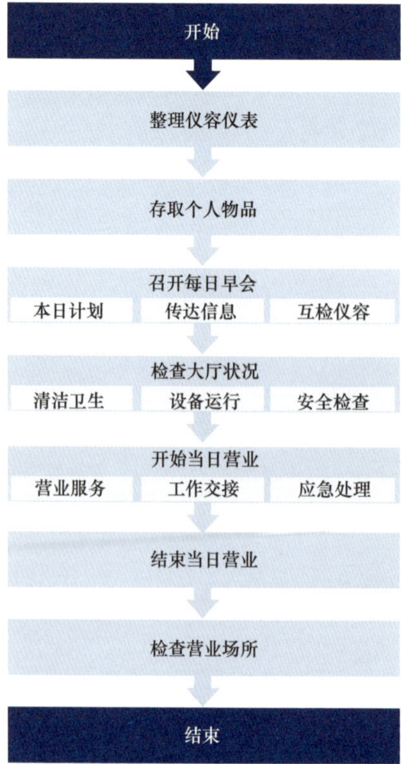

3.2 场所管理

营业场所物品实行定置管理，做到“六整齐”“六干净”“四无”。营业时间内各类服务设施应处于正常可用状态，结束营业后关闭各类配套设备的电源。

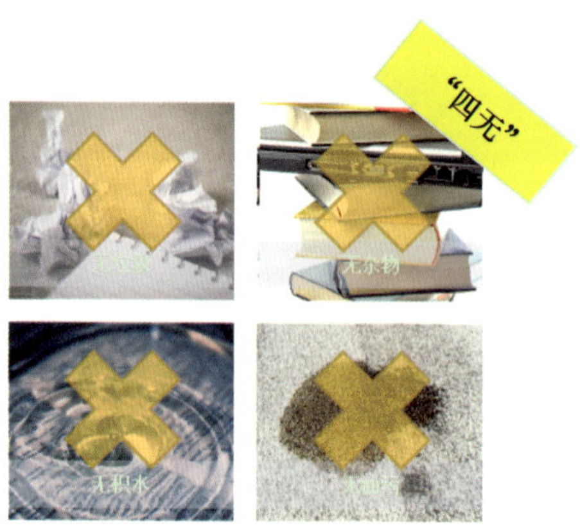

营业厅应指定专人每天按照7S管理整顿标准（示例见下表），例行检查并记录检查情况（示例见下表），检查周期为每天至少两次，检查时间分别为上午营业前10分钟和下午2:30前。

营业厅7S管理标准（示例）

项目	标 准 要 求
整理	1. 报废及无用的物品在办公场所放置不得超过3天，三个月内不使用的物品必须纳入专门的储存室或储存柜。 2. 半月内不用的文件、资料、物品应放入文件（物品）柜。 3. 当日不用的文件资料不能散放在桌面上，处理完的随时夹入文件夹或存档
整顿	1. 办公室规划合理，门后张贴《办公室7S定置管理规定》，对办公设施物品进行定位、定人管理。日常管理应明确到人，制定公共区域卫生及管理值班表，做到事事有人管，物物有人理。 2. 文件夹、文件柜、档案盒等标识规范统一，摆放位置和标识一致。 3. 文件柜、抽屉内物品摆放整齐，能够在30秒内找出所需文件资料
清扫清洁	1. 地面干净整洁，无尘土、烟头、纸片等杂物，墙角、桌柜等物品要保持干净整洁，不得存在卫生死角。保持桌面、电脑、空调、文件柜顶整洁无灰尘。 2. 保持门窗洁净，窗台、窗槽、纱窗均无灰尘脏污。不得胡乱张贴不必要的东西，及时清理垃圾篓

续表

项目	标 准 要 求
素养安全节约	1. 将“日事日毕、日清日高”文件夹作为第一文件夹，计划安排好每日工作，养成“日事日毕、日清日高”的良好工作习惯。 2. 积极主动开展7S工作，养成良好的7S定置习惯，认真进行7S检查。 3. 上班时间人员不得离岗、串岗、闲谈、打瞌睡、迟到早退及参与工作无关的其他事项。员工规范着装，精神面貌良好。 4. 办公室必须每天保持通风，不得有异味；室内应张贴禁烟标识。 5. 纸张打印尽量正反两面使用，并设置废纸回收箱，节约用纸用电，杜绝浪费
7S值班人员值日内容	1. 负责当日的7S管理，督促公共区域的清洁工作（包括文件柜顶、门窗、墙角、垃圾篓等公共设施）。 2. 检查文件夹的摆放次序，当天处理过的文件及时整理、归类、存档。 3. 进行安全检查：下班检查并关闭电源，对门窗上锁等。 4. 负责公共区域责任区的清洁监督。营业厅班员个人桌面整洁及垃圾清理工作由个人自行负责

智慧营业厅例行检查表（示例）

营业厅名称：　　　　　　　　　　　　日期：

序号	检查事项	检查时间	
		开始营业前10分钟	下午2:30前
1	营业大厅电源		
2	营业厅大门		
3	排队叫号机		
4	电视机		
5	宣传展示区资料充足，摆放整齐		
6	评价器		
7	客户用笔正常可用		
8	银联“易办事”		
9	自助服务终端		
10	自助服务终端（POS客户机）		

续表

序号	检查事项	检查时间	
		开始营业前 10 分钟	下午 2:30 前
11	节能宣传机		
12	报纸架		
13	客户座椅		
14	地面干净整洁		
15	客户意见本完好摆放		
16	饮水机备齐一次性水杯		
17	雨具摆放架、防滑提示牌（下雨天）		

检查人员：

3.3 设施设备管理

3.3.1 设施设备配置

智慧营业厅配套服务设施包括智能导览设备、机器人大堂经理、电子公告牌（屏）、智能服务终端、增值税智能票据柜、增值税发票自助打印机、电子服务体验设备、智慧用电展示设备、场地背景广播系统、门禁系统、视频监控系统等。智慧营业厅各功能区域服务设施配置标准见下表，各营业网点可依据实际需要进行设施配置。

各功能区域服务设施配置一览表（示例）

功能区	功能区配置	智慧营业厅	24 小时自助服务厅
1. 服务引导区	1.1　服务引导台	✓	—
	1.2　智能导览设备	□	—

续表

功能区	功能区配置	智慧营业厅	24小时自助服务厅
1. 服务引导区	1.3 机器人大堂经理	□	—
	1.4 电子公告牌（屏）	✓	—
	1.5 微信 Wi-Fi	✓	—
	1.6 办公电脑（一体机）	✓	—
	1.7 复印机	□	—
	1.8 小型打印机	□	—
	1.9 自动雨伞套袋机	✓	—
	1.10 便民雨伞架	✓	—
2. 自助缴费区	2.1 智能服务终端	✓	□
	2.2 设备使用指引	□	□
3. 自助业务办理区	3.1 智能服务终端	✓	✓
	3.2 设备使用指引	□	□
4. 增值税发票自取区/增值税发票自助打印区	4.1 增值税智能票据柜	□	—
	4.2 增值税发票自助打印机	✓	—
5. 电子服务体验区	5.1 电子服务体验区桌子	✓	—
	5.2 网厅体验机（一体机）	✓	—
	5.3 身份证识别高拍仪	✓	—
	5.4 微厅体验机（手机/平板）	✓	—
	5.5 掌厅体验机（手机/平板）	✓	—
	5.6 宣传灯箱	□	—
6. 智慧用电展示区	6.1 智慧用电展示区桌子	✓	—
	6.2 展示架	✓	—
	6.3 智慧用电产品	✓	—
	6.4 宣传灯箱	□	—

续表

功能区	功能区配置	智慧营业厅	24小时自助服务厅
7. 客户休息区	7.1　客户休息座椅	✓	—
	7.2　宣传资料架	✓	—
	7.3　数码海报服务终端	□	—
	7.4　便民箱	✓	—
	7.5　意见箱（簿）	✓	—
	7.6　自助手机充电器	□	—
	7.7　饮水机（配水杯）	✓	—
8. 大客户接待室	8.1　客户接待沙发	✓	—
	8.2　茶几	✓	—
	8.3　办公桌椅	✓	—
	8.4　客户座椅	✓	—
	8.5　办公电脑	✓	—
	8.6　身份证识别高拍仪	✓	—
	8.7　打印机	□	—
	8.8　储物柜	✓	—
	8.9　饮水机（配水杯）	✓	—
	8.10　垃圾桶	✓	—
9. 客户协调座席	9.1　客户接待沙发	✓	—
	9.2　茶几	□	—
	9.3　办公桌椅	✓	—
	9.4　客户座椅	✓	—
	9.5　办公电脑	✓	—
	9.6　身份证识别高拍仪	□	—
	9.7　打印机	□	—
	9.8　储物柜	✓	—
	9.9　饮水机（配水杯）	✓	—
	9.10　垃圾桶	✓	—

续表

功能区	功能区配置	智慧营业厅	24小时自助服务厅
10. 24小时自助服务区	10.1 智能服务终端	✓	—
	10.2 电子公告牌（屏）	□	—
11. 公共事业综合服务区	11.1 公共事业智能服务终端	□	□
12. 增值服务产品体验区	12.1 展示台	□	—
13. 其他设施	13.1 自动安全门和门禁	✓	✓
	13.2 视频监控系统	✓	✓
	13.3 消防报警系统	✓	✓
	13.4 场地背景广播系统	□	□
	13.5 客流分析和服务监控系统	□	□
	13.6 电子渠道宣传牌	□	□
	13.7 服务热线标示牌	✓	✓
	13.8 营业厅服务时间铭牌	✓	—
	13.9 24小时自助服务厅灯箱	—	✓
	13.10 视频监控设施	✓	✓

注 ✓—必选；——不选；□—可选。

3.3.2 日常管理维护

智慧营业厅配备智能设备，设备应具备物联网能力，可接入互联网统一服务平台。营业厅可结合实际工作情况，提出研发和采购需求，做好日常运营管理，确保环境整洁、服务设备正常运行、服务设施正常使用。

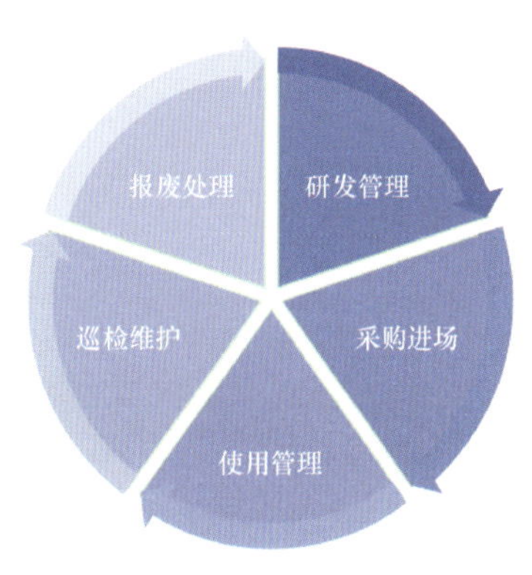

营业厅设备全生命周期管理

1. 研发管理

（1）需求申请。如营业厅对于设备或功能有优化建议或新需求，可提出新增设备或功能需求并上报至客户服务中心（设备需求申报表见下表），由客户服务中心审核是否采纳。

设备需求申报表（示例）

<table>
<tr><td>申请单位</td><td></td><td>申请人</td><td></td><td>联系电话</td><td></td></tr>
<tr><td>设备类型</td><td></td><td>设备名称</td><td></td><td rowspan="2">申请类型</td><td rowspan="2">□以旧换新（型号：　　　）

□直接购置</td></tr>
<tr><td>申请日期</td><td></td><td>申请数量</td><td></td></tr>
<tr><td>申请原因</td><td colspan="5"></td></tr>
<tr><td colspan="6">营业部意见：

签名：
日期：</td></tr>
<tr><td colspan="6">客户服务中心意见：

签名：
日期：</td></tr>
<tr><td colspan="6">市场及客户服务部意见：

签名：
日期：</td></tr>
</table>

（2）开展调研。客户服务中心定期对收集到的需求开展调研，评估可行性，将可行需求上报市场及客户服务部。立项单位在编制项目可行性研究报告时，应充分听取各营业厅代表意见。完成可行性研究报告后，立项单位应组织不少于5个营业厅的代表进行预审。

（3）保持沟通。在项目研发过程中，应坚持设计、制造与使用相结合原则，项目实施单位应充分听取各营业厅代表意见，确认设备外形及功能是否符合营业厅使用需求。

（4）研发测试。研发完成后，项目实施部门应组织营业厅开展测试工作，验证设备功能是否与可行性研究报告内容一致并可靠运行，形成测试报告。测试工作完成后，项目实施部门应组织不少于5个营业厅的代表进行预验收。预验收通过后再组织正式的验收工作。

（5）编制材料。验收通过后，项目实施部门协调设备开发厂商在10个工作日内完成设备产品设计文档、设备使用说明书、操作指引等材料编制工作。

2. 采购进场

（1）采购申请。市场及客户服务部定期发布设备产品库，各营业厅根据实际运行需要，提出设备新增或变更需求。经营业部确认、客户服务中心审核后，由市场及客户服务部审核是否采纳。

（2）到货确认。营业厅应及时对进场的设备进行现场确认，由营业厅负责人签收，送货单交给项目管理员，项目管理员在3个工作日内完成增资录入工作。营业厅应在设备进场后3个工作日内完成新进设备的台账建立，确保账卡物一致，并将台账报送至客户服务中心备案。

（3）安装调试。营业厅组织安排设备厂商进行现场安装和调试直至设备正常使用。

智慧营业厅设备采购进场流程如下：

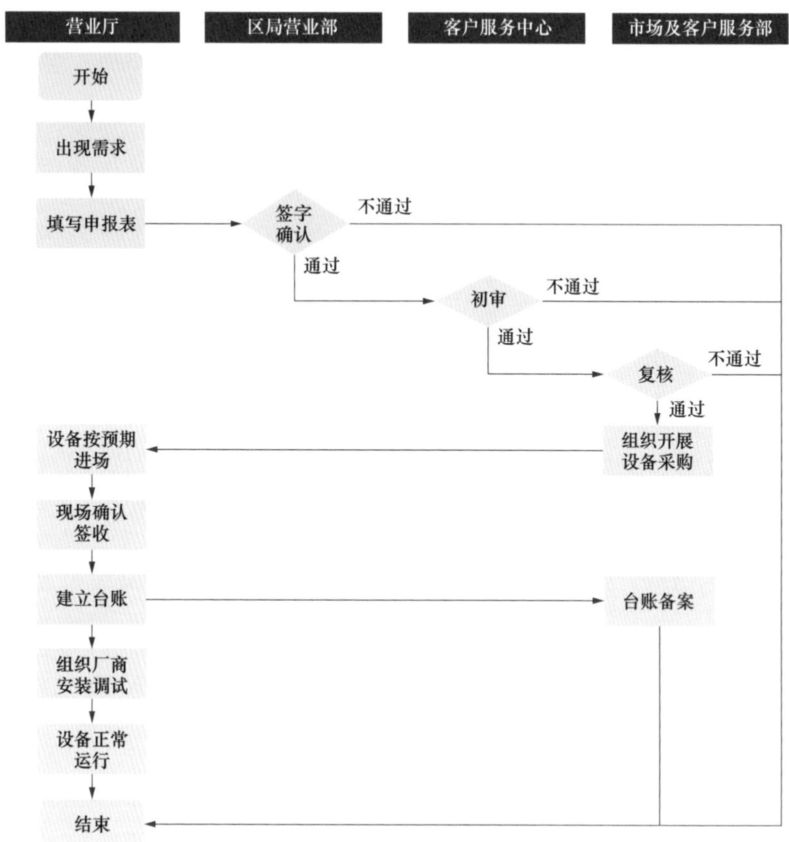

3. 使用管理

（1）使用培训。完成新设备调试 5 个工作日内，客户服务中心应协调设备厂商对营业厅工作人员进行现场培训，培训内容包括设备的基本功能、操作流程、维护管理及紧急情况应急处理等，确保营业厅工作人员能正确使用设备。

设备功能如有变更，客户服务中心应在功能变更上线前 2 个工作日内，下发变更通知及新功能操作指引，必要时组织营业厅工作人员进行培训。

(2) 使用反馈。日常使用设备过程中，如营业厅对设备有优化建议、新功能需求等，由营业厅负责人填写需求表，报送至客户服务中心。客户服务中心每月向各营业厅负责人反馈需求审核情况。

(3) 设备改善。客户服务中心收集各营业厅需求后，按照设备研发管理有关规定开展研发工作。

4. 巡检维护

(1) 日常巡检。日常巡检分为营业厅巡检和运维服务商巡检。营业厅巡检是指营业厅工作人员对营业厅各个区域的设备进行定期巡检；运维服务商巡检是指运维服务商对营业厅各个区域的设备进行定期或不定期巡检。日常巡检要求见下表。

日常巡检要求

巡检要求	营业厅巡检	运维服务商巡检
巡检时间	每日检查两次，检查时间为上午营业前10分钟和下午2:30前	每季度全覆盖轮巡一次；每两月抽查式轮巡一次；根据实际工作需要进行临时巡检
巡检人员	由前台引导员负责检查	由运维服务商安排运维工程师负责检查；运维工程师到场后，出示身份证、工作证，前台引导员确认运维工程师身份后，方可开始巡检
巡检内容	巡检对象包括设备运行情况、耗材情况等	对营业厅范围内所有设备进行巡检
巡检记录	引导员及时填写营业厅设备检查记录单（见下表），并由班长签字审核	巡检结束后，应把当日巡检情况向营业厅负责人反馈，及时填写营业厅巡检记录表（由运维服务商自制），由营业厅负责人进行评价并确认签字
材料存档	营业厅设备检查记录单需保留存档一年以上	营业厅巡检记录表需在5个工作日内提交至客户服务中心，存档时间至少一年

营业厅设备检查记录单（示例）

区域	序号	设备名称	设备状态	备注（异常情况、报修情况等）
服务引导区	1	智能导览台	□正常	
	2	引导台查询电脑	□正常	
	3	复印机	□主机 □墨盒 □纸张	
	4	……		
自助业务办理区	1	自助一体机 1	□主机 □墨盒 □纸张	
	2	自助一体机 2	□主机 □墨盒 □纸张	
	3	……		
增值税发票自取区	1	普通发票打印机	□主机 □墨盒 □纸张	
	2	增值税发票打印机 1	□主机 □墨盒 □发票	
	3	增值税发票打印机 2	□主机 □墨盒 □发票	
	4	增值税发票柜	□正常	
	5	……		
自助缴费区	1	支付宝智电易	□正常	
	2	银联易办事 1	□正常	
	3	……		
电子服务体验区	1	智慧屏 1	□正常	
	2	智慧屏 2	□正常	
	3	信息屏 1	□设备 □内容	
	4	信息屏 2	□设备 □内容	
	5	外网电脑 1	□正常	
	6	外网电脑 2	□正常	
	7	……		
客户休息区	1	厅内饮水机	□机器 □水桶 □水杯	
	2	宣传电视机	□设备 □内容	

续表

区域	序号	设备名称	设备状态	备注（异常情况、报修情况等）
客户休息区	3	易拉宝	□正常	
	4	宣传资料	□正常 □需补充	
	5	……		
客户协调座席	1	饮水机	□机器 □水桶 □水杯	
	2	座席电脑	□正常	
	3	……		
大客户接待室	1	饮水机	□机器 □水桶 □水杯	
	2	座席电脑	□正常	
	3	……		
机房	1	视频监控	□正常	
	2	交换机及 Wi - Fi	□正常	
	3	……		
其他	1	95598、12398、“三指定”说不、电工作业持证要求、营业时间等牌匾	□正常	
	2	灯光	□正常	
	3	门禁	□正常	
	4	空调	□正常	
	5	电动窗帘	□正常	
	6	……		

注 正常打“√”；不正常打“×”。

检查人员：　　　　　　　　　　检查日期：　　年　　月　　日　　时　　分

（2）特殊巡检。特殊巡检属于不定期巡检，具体可分为技术支持和系统升级两类。技术支持是指营业厅提出申请后，运维服务商在指定时间上门提供的巡检服务。系统升级是指系统补丁发布后，运维服务商上门为营业厅各个区域的设备进行现场升级或对升级后设备进行巡检。

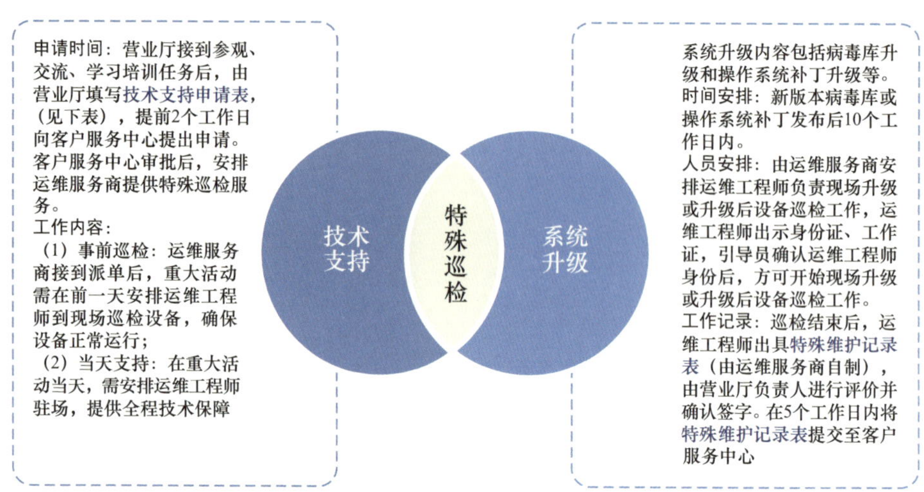

技术支持申请表（示例）

申请单位		申请人		联系电话	
申请日期		具体支持时间	年　月　日　时至　年　月　日　时 合计：______天		
申请类型	□重大活动技术保障　□技术培训　□其他（__________）				
事由及支持需求描述	示例：①因接待××单位，需要运维服务商提前巡检设备情况及接待当天驻场做好技术保障；②因设备升级，需要运维服务商提供××培训				
客户服务中心意见： 签名： 日期：					

（3）故障报修。

1）营业厅巡检中发现故障。

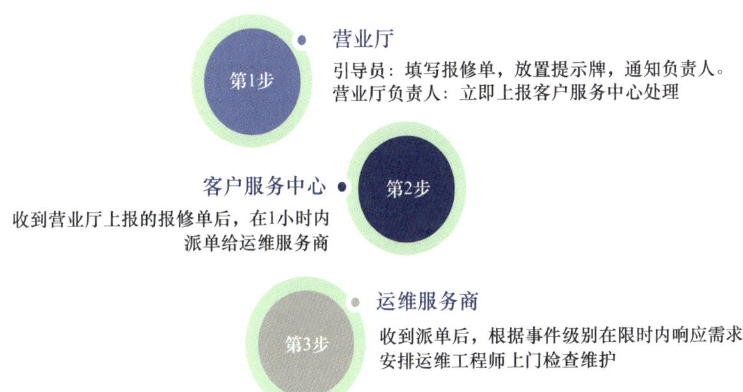

事件级别及处理、营业厅设备故障报修记录单、故障处理记录见以下几表。

事件级别及处理

事件级别	事件表现	响应时间	故障解决时间
重大事件	营业厅无法提供全部业务办理服务（后台系统崩溃、全部自助终端设备故障等原因，导致营业厅全部业务无法正常办理）	10分钟内响应，2小时内到达现场，4小时内提交故障处理方案	在提出故障处理方案后，24小时内解决故障
较大事件	营业厅无法提供部分业务办理服务（后台系统故障、部分自助终端设备故障等原因，导致营业厅部分业务无法正常办理）	20分钟内响应，24小时内到达现场并提交故障处理方案	在提出故障处理方案后，48小时内解决故障
一般事件	营业厅部分设备故障（部分设备故障，但不影响营业厅业务办理服务）	30分钟内响应，48小时内到达现场，72小时内提交故障处理方案	在提出故障处理方案后，1周内解决故障

如运维工程师检查后发现该设备问题需要安排其他运维服务商上门，运维工程师需在30分钟内联系客户服务中心安排重新派单。客户服务中心在30分钟内重新将报修记录单派发给对应的运维服务商。

营业厅设备故障报修记录单（示例）

营业厅		报障日期	
联系人		联系电话	
故障设备类型	业务一体机□；电子发票打印机□； 增值税发票打印机□；支付宝刷脸终端□；机器人□； 其他：________________		
故障描述			

注 本表需保留存档一年以上。

故障处理记录（示例）

故障设备	故障现象	故障原因	解决方案
排障结果	故障已排除□ 返厂维修□ 返厂厂家：__________ 运维人员： 排障日期： 年 月 日		
排障评价	工作态度：非常满意□ 满意□ 基本满意□ 不满意□ 工作效率：非常满意□ 满意□ 基本满意□ 不满意□ 客户负责人： 评价日期： 年 月 日		
返厂维修结果确认	工作态度：非常满意□ 满意□ 基本满意□ 不满意□ 工作效率：非常满意□ 满意□ 基本满意□ 不满意□ 客户负责人： 评价日期： 年 月 日		

注 营业厅留存一份底单存档，存档时间至少一年；运维工程师在24小时内将维护情况反馈给客户服务中心记录在台账中，每周一将上周的故障处理记录单汇总提交至客户服务中心。

2）运维服务商巡检中发现故障。巡检过程中发现设备问题可由运维工程师现场处理的，应在问题解决后填写故障处理记录，交由营业厅负责人确认签字；如运维工程师检查后发现该设备问题需要安排其他运维服务商上门，则参照流程在30分钟内联系客户服务中心重新安排派单。客户服务中心在30分钟内重新将报修记录单派发给对应的运维服务商。

（4）耗材管理。耗材包括墨盒、热敏纸、A4纸张等。

1）耗材采购。营业厅根据业务量，每季度向客户服务中心申请采购耗材。由客户服务中心统计各营业厅耗材采购需求，统一采购并发放至各营业厅作为备品保存。

营业厅收到耗材后，由营业员进行签收，并在5个工作日内将签收单反馈给客户服务中心进行统一存档，存档时间至少一年。

2）耗材补充。

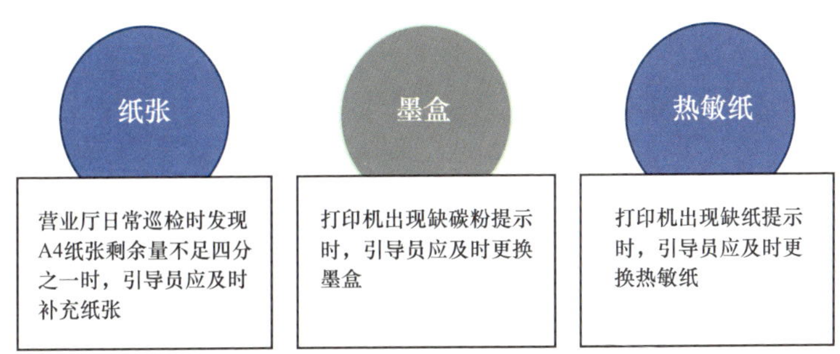

5. 报废处理

对符合报废标准的设备，营业厅需按照相关标准和流程进行报废处理。设备报废后，营业厅应在5个工作日内将报废设备清单反馈至客户服务中心。

设备报废标准如下：

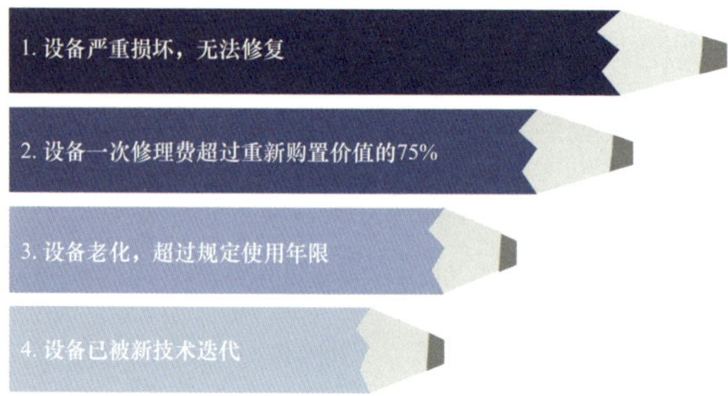

管理创新思考

要保证设备保持良好运行状态，减少因设备连接不畅、耗材不足等情况降低客户服务体验的问题发生，需进一步健全大厅设施物联网管理，提升设施设备管理信息化、智能化水平。员工可以在系统平台上查看智慧营业厅物料及设施的实时情况，发生故障或物料不足的情况，系统提示消息给责任人，形成设施及物料的信息化管理。

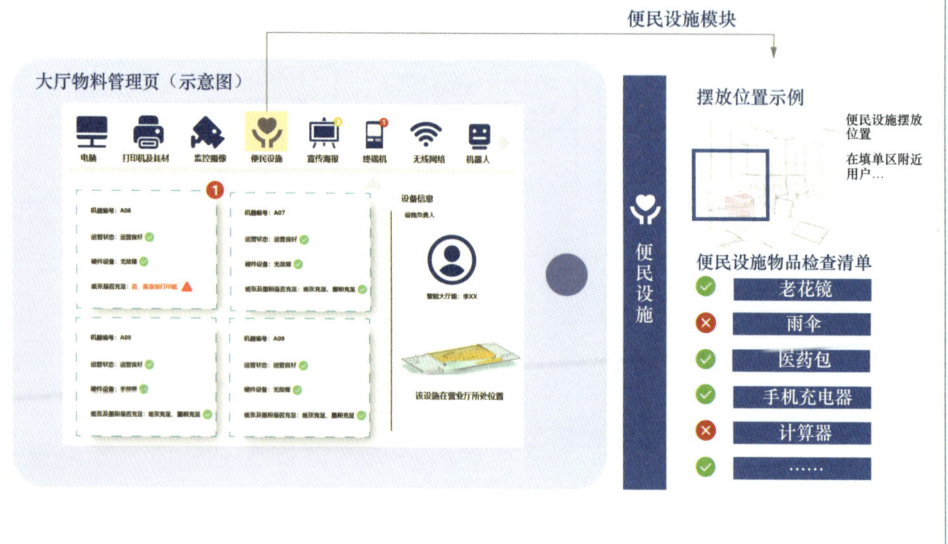

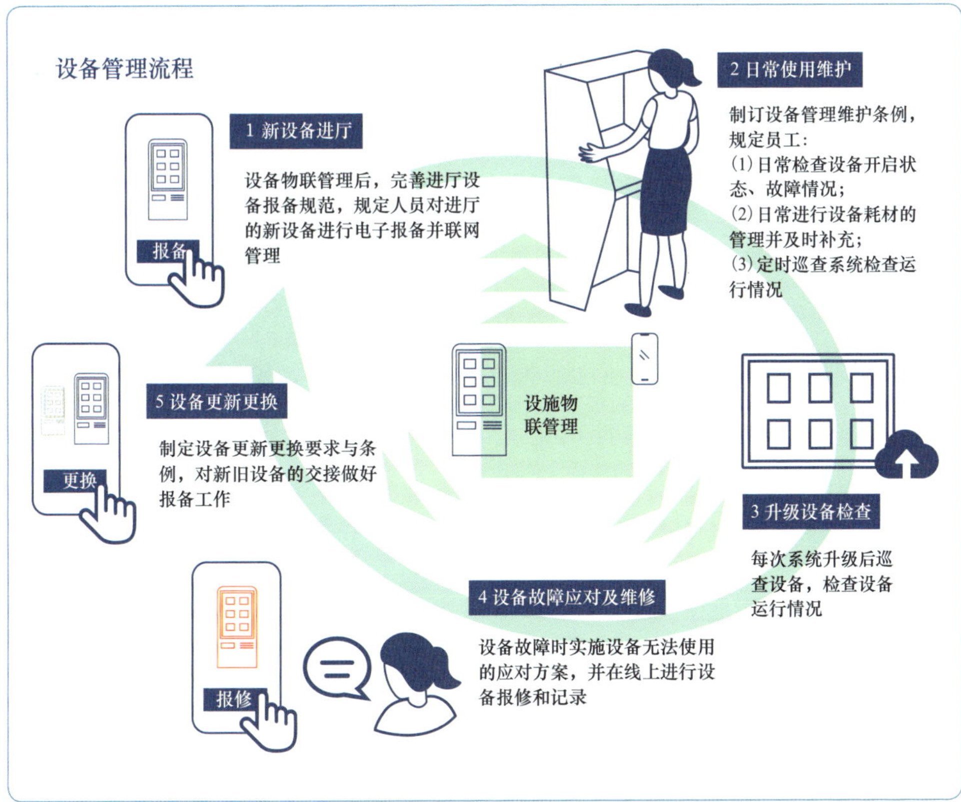

3.4 安 全 管 理

3.4.1 基础安全管理

1. 出入安全管理

（1）营业期间。

- 营业厅应设定一个大门供客户进出，其他预留门口通道原则上不予对外开放。

- 营业厅应充分利用大厅显示屏或其他设施，做好缴费安全提示，提醒客户保管好个人财物。
- 发现戴头盔、面罩、墨镜等穿戴异常的客户到营业厅办理业务时，当班人员和保安人员应提高警惕，应礼貌地劝其摘下头盔、面罩、墨镜。禁止持有危险器械的人员进入营业厅。
- 疫情防控期间，营业厅应根据当地政府要求，做好防控工作，并提醒到厅客户做好防控措施（比如自觉测温、出示健康码、戴好口罩、手部消毒等）。如客户忘记戴口罩，可为客户免费提供一次性口罩。

（2）营业结束后。

- 营业结束时，应关闭门窗和电源，做好防盗、防火措施。

管理创新思考

为节省人力成本，提升安全管理水平，可通过机器人大堂经理，协助做好安全管理工作，如：在客流高峰期，滚动播报缴费安全提示语音，提醒客户保管好个人财物；通过机器人测温、人脸识别等技术，做好疫情防控工作。

2. 人员安全管理

（1）安全教育。营业厅工作人员定期接受安全防范意识教育，学习安全防范基本知识、应急管理及处置标准，熟练掌握紧急情况下的事件处理程序。

（2）安防力量。营业厅应配备 1 名或以上具备保安资质的保安人员，负责营业厅的安全保卫工作。保安人员应配置防卫器械，值班期间要密切注意厅内动态，发现异常情况及时报告值班领导。

3. 资金安全管理

智慧化转型过程中，营业厅应积极推广和宣传非现金交费方式，减少营业厅收费压力，降低营业厅资金安全风险。如客户坚持以现金、票据等形式缴费，营业厅应要满足客户现金缴费需求，收费人员需遵循相关流程进行操作：

- 纪律要求：收费人员必须严格遵守财务管理制度及纪律，各单位应加强对收费人员的指导与监督。
- 现金安全管理：严格遵循现金管理制度，加强对现金缴存的监管，现金必须存入财务部门指定账户，并定期检查银行账户的电费资金到账情况。
- 票据安全管理：严格按照财务内部控制制度执行支票、汇票、发票等票据的管理，设置专人管理，票据与印章应分开管理。
- 回收电费安全管理：回收电费应当日送存银行，严禁截留、挪用回收电费现金。
- 送存现金安全管理：应聘请有资质的专业押钞公司护送每日送存银行的电费。未聘请专业押钞公司的，应做好送存银行途中的安全保卫防范措施，定期更换人员和车辆。
- 未送存现金安全管理：当日送存银行后所收的电费资金，应严格按照现金管理制度加强管理。现金必须放入保险柜。保险柜钥匙应由专人管理，随身携带，不得存放在办公室抽屉内。对数额较大的现金，应派人日夜值班守护。

- 私人财物管理：私人的现金、有价证券、贵重物品不得存放于营业厅内。

4. 信息安全管理

- 内部信息：做好营业厅的信息数据（涉及企业经营管理的数据及用电客户档案资料的纸质版及电子版资料）备份并妥善保存备份介质，防止损坏、泄密或丢失。内部文件应通过指定通信软件收发。
- 商业秘密：工作人员应保守商业秘密，非经正式的申请批准，不得向任何个人、单位、机构泄露企业经营的内部数据，不得将客户的银行电费账户等相关信息泄露给第三方。
- 信息系统：加强计算机硬件及软件系统的管理，设置明确的系统权限，营业人员凭口令进入信息系统，非工作人员不得擅自进入系统。
- 病毒防护：营业厅的计算机应安装防火墙及杀毒软件工具，预防计算机系统受到侵害。客户服务中心定期组织对智能服务终端的检查与维护。

3.4.2 应急处理机制

1. 应急处理组织

营业厅应参照公司有关规定，编制应急预案，组建营业厅应急处理小组，并明确责任人、职责和分工。营业班作为营业厅应急处理的具体执行班组和第一级单位，直接负责营业厅应急工作。

组长原则上由营业部负责人担任，成员包括营业厅班组所有人员，分别承担联络协调、维持秩序、技术支持、医疗救护、物资保障、新闻宣传、善后安置等职责。营业班一线服务人员作为与客户接触的第一人，应坚决执行首问负责制，在发生特殊情况时，必须本着以客户为中心的原则，站在客户的角度思考问题，主动寻求解决办法，积极应对和处理。

2. 应急处理流程

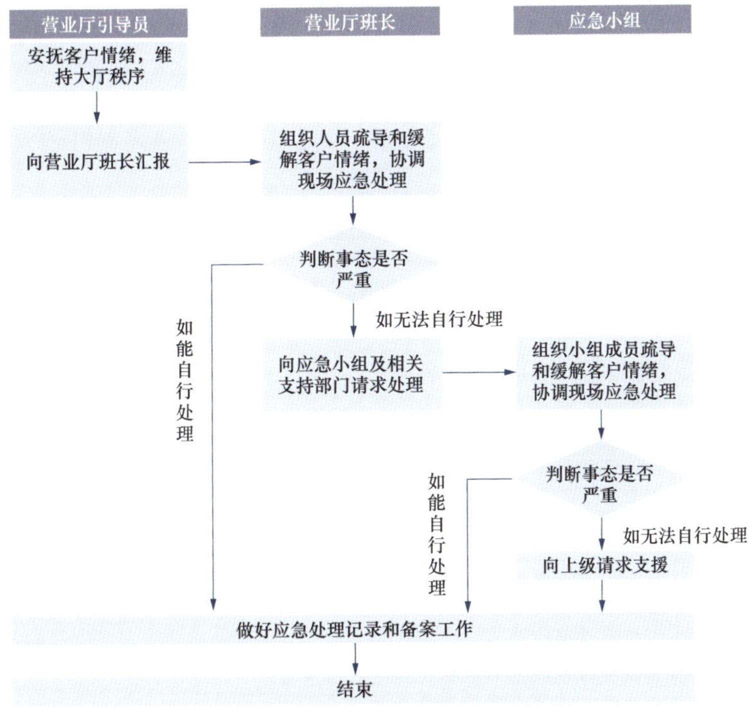

3. 应急处理演练

应急事件处置程序应列为员工上岗培训的必备课目，营业厅每年至少组织一次预案演练，以提高员工现场应急处置能力。营业厅服务应急演练预案示例如下。

××营业厅服务应急演练预案（示例）

为了进一步规范营业厅服务突发事件的应急管理工作，确保突发事件有效及时得到妥善处理，切实维护用电客户利益和公司服务形象，按照相关管理制度要求，开展年度营业厅服务应急演练，以不断提升营业厅对突发事件的应急处理能力水平，具体内容如下：

一、演练内容

主题：业务高峰期营销系统发生故障，导致营业厅不能正常营业。

内容：模拟有客户在自助办理服务过程中，发现不能正常办理业务，引导员发现问题后，首先安抚客户情绪，初步判断为营销系统故障导致，马上向营业厅班长汇报。营业厅班长到达现场后，启动应急预案，严格按照流程操作，防止突发事件影响扩大。

二、演练时间和地点

时间：202×年××月××日上午10:00～10:30

地点：××营业厅

三、参加人员

营业厅班长：×××

营业员：×××、×××、×××

4. 典型突发事件

（1）客户服务技术支持系统故障。

启动应急：营业员应首先向客户道歉，并立即向营业厅班长汇报。营业厅班长应立即组织人员向客户说明情况，引导客户使用其他渠道办理，疏导和缓解客户的情绪，同时立即填写营业厅设备故障报修记录单向客服中心汇报。在客户数量较多或判断客户情绪可能疏导无效时，营业厅班长应向应急处理小组组长汇报，请求支援。

技术排障：客服中心技术支持管理人员接到报障后立即判断故障是否为供电单位本地的故障。如为本地故障，即刻组织协调运维工程师前往现场解决故障，并预估故障处理所需时间反馈营业厅；如是系统性故障，应及时将故障现象汇报系统主管部门进行处理。

现场管理：在系统修复期间，应在显著位置张贴关于系统故障暂时无法办理业务的致歉公告，在显著位置放置“暂停服务”标识牌，或者在终端显示页面列示“暂停服务”标志。若全渠道故障均无法办理，除向客户说明情况并道歉外，应留下客户的联系电话及相关资料，以便系统恢复后联系客户，根据客户意愿选择合适的渠道办理业务。

情绪安抚：在紧急预案启动后，所有进入营业厅的应急处理人员，必须以良好的服务态度面对每一位客户，做好耐心细致的解释，对情绪激动的客户，要想办法带离营业厅单独洽谈。

情况记录：做好紧急情况记录工作，并向上级管理部门汇报。

（2）处理客户投诉。

礼貌接待：客户直接到营业厅进行当面投诉时，受理人员应礼貌接待、细心倾听，详细记录投诉内容，向客户表达供电公司对此事予以的关注和重视。不能强调供电公司或自身理由，应从客户的角度出发，做出合理的解释。处理完投诉事件后，应对客户的意见建议表示感谢。

- 属于一般投诉时，受理人员可根据情况灵活处理。本着为客户服务的原则，认真记录客户提出的问题、意见和建议，留下联系方式，承诺在时限内就相关问题反馈处理情况。在承诺时限内将客户提出的问题、意见和建议进行处理，并将处理情况反馈给客户。
- 客户情绪激动时，应用适当的语言稳定对方情绪。不得与客户发生争执，并应避免客户在营业厅喧哗，有需要时可将客户引导到专门的接待室、协调座席或大客户接待室内，带离营业厅单独接待。如果客户情绪非常激动，不愿离开营业区，营业厅班长应主动提供一系列关怀服务，如给客户倒茶水、提供座椅等，耐心倾听客户意见，缓解客户情绪。

- 投诉内容超出能力范围时，受理人员应提级处理，及时向上级汇报，由上级介入处理。

现场管理：注意维持营业厅秩序，避免投诉客户激动情绪影响到其他客户，避免其他客户围观参与，保证营业厅正常运作。

情况记录：做好紧急情况记录工作，并向上级管理部门汇报。对于客户不满意处理结果的投诉事件，应向主管领导报告，并及时向相关部门报备。

（3）客户排队数量激增。

疏导预警：客户在智慧营业厅内平均等待时间超过 5 分钟时，前台营业员应立即向营业厅班长汇报。

疏导安排：营业厅班长应立即安排人员疏导客户，分流排队人群。

现场管理：营业厅班长要安排营业厅内保安做好现场秩序维护，增调工作人员及时缓解客户情绪，避免引起场面混乱。

启动应急：营业厅班长在客户情绪激动并可能出现不良后果的情况下，应立即请求营业厅应急处理小组支援。应急处理小组接到报告后，应立即组织其成员到达营业厅，根据事态制订并实施其他补救方案。

情况记录：做好紧急情况记录工作，并向上级管理部门汇报。

（4）发生抢劫犯罪事件。

启动应急：

- 营业员应沉着冷静，首先保护自身安全，及时通知保安人员及向 110

报警，协助客户疏散。在保证客户及自身安全的前提下，尽力拖延时间，记下罪犯身体特征，不激化罪犯情绪。

- 保安人员应根据抢劫者武器情况积极采取反制措施，并协助现场管理人员疏散客户，保护客户人身安全。当抢劫者带有枪支时，首先要保护自身安全，不激化罪犯情绪，待支援警力赶到后协助处理。
- 保卫部门收到营业厅报警信息后，应立即赶往现场附近隐蔽观察情况，同时向警方报警寻求支援。当抢劫者未携带枪支时，应组织人员积极采取反制措施。
- 应急处理小组应安抚客户，向客户致歉，当有人员受伤时，无论是员工还是客户，应立即送伤者到合适的医院实施治疗。此外还应协助警方处理善后事宜。

媒体沟通：对可能引发的媒体报道及时沟通和协调。

情况记录：做好紧急情况记录工作，并向上级管理部门汇报。具备视频监控条件的营业厅要做好现场录像的保存备份。

（5）发生火灾、爆炸事件。

启动应急：

- 营业员应沉着冷静，立即引导客户疏散，及时切断电源，正确使用灭火器灭火；如无法控制火情，营业员应立即拨打 119 火警电话报警，保证自身安全的情况下转移易燃物品和重要物品，保护好现场财物，避免遗失。
- 营业厅班长及时向应急小组报告，并协助调查原因和处理善后事宜。
- 应急处理小组应安抚客户，向客户致歉，当有人员受伤时，无论是员工还是客户，应立即组织应急小组成员送伤者到合适的医院实施治疗。

媒体沟通：对可能引发的媒体报道及时沟通和协调。

情况记录：做好紧急情况记录工作，并向上级管理部门汇报。具备视频监控条件的营业厅要做好现场录像的保存备份。

（6）客户昏厥。

启动应急：

- 营业员应沉着冷静，让客户平躺，不可随意搬动，保持空气流通，并立刻拨打 120 急救中心联系抢救，安排一位营业员观察照看，并立刻向营业厅负责人汇报；其他营业员坚守岗位，确保其他客户正常办理业务。
- 保安人员负责维持营业厅秩序，避免客户围观。
- 营业厅负责人接到报告后，立即到达营业厅，根据现场情况采取措施，防止事态扩大，同时汇报主管部门和主管领导；保管好客户财物，避免遗失；尽可能协助与昏厥客户的家人取得联系，并说明处理情况。

媒体沟通：对可能引发的媒体报道及时沟通和协调。

情况记录：做好紧急情况记录工作，并向上级管理部门汇报。具备视频监控条件的营业厅要做好现场录像的保存备份。

（7）出现突发传染性疾病疫情。

协助流调：营业厅内发现传染性疾病个案，营业厅负责人应根据政府及供电公司防疫部门的要求配合流调部门做好确诊患者到厅时间、厅内接触客户人群、接触员工身体状况及活动轨迹等调查。

现场管理：营业厅负责人应根据政府及供电公司防疫部门的要求，配合做好营业厅的消毒清洁工作。消毒清洁期间征得市场及客户服务部同意后，营业厅可紧急暂停对外开放，营业厅负责人组织做好暂停开放公示，做好客户安抚工作，指引客户通过线上远程渠道或前往就近营业厅办理业务，或者留下联系方式，待营业厅重新开放后告知客户。

主动隔离：对于营业厅工作人员中的密切接触者，应按政府及供电公司防疫部门的要求做好隔离医学观察和检测。

媒体沟通：按政府及供电公司防疫部门的要求，配合做好相关信息的报送，对可能引发的媒体报道及时沟通和协调。

情况记录：做好紧急情况记录工作，并向上级管理部门汇报。

3.5 质量管理

普拉苏拉曼、约瑟曼和贝里等人（Parasuraman、Zeithaml & Berry）认为，服务质量取决于顾客购买前期望、感知的过程质量和感知的结果质量。1985 年，他们提出衡量服务质量的 10 个维度：可靠性、响应性、胜任力、接近性、礼貌性、沟通性、信赖性、安全性、了解性和有形性，并于 1988 年将 10 个维度缩减为 5 个（有形性、可靠性、响应性、保证性和移情性）。他们指出，服务质量是指服务实际是否符合顾客期望。

因此，为了保证智慧营业厅服务标准有效落实，使服务实际符合客户期望，需要定期或不定期对智慧营业厅实施服务质量检查。

3.5.1 服务质量监控内容

智慧营业厅服务质量监控内容包括服务环境、服务形象、服务行为、业务办理四大方面，标准与营业厅相关管理规范保持一致（见下表）。与传统营业厅服务质量监控内容相比，智慧营业厅进一步加强了对电子设备状态、业务办理标准的监控。

智慧营业厅服务质量监控内容及标准

监控内容		服务质量标准
服务环境	场所	营业场所整洁、卫生，物品按定位、定量、定向要求整齐摆放
	门窗	营业门面规范粘贴、无损坏等
	公示牌	营业时间公示牌应悬挂在室外显眼位置；95598、12398、视频监控标识等公示牌应悬挂在显眼位置
	电子设备	智能终端、信息屏、发票柜、电视机等设备已开启并能正常使用，发生故障时应在设备台面或明显部位摆放“设备故障”标识，并及时报修
	便民设施	饮水机、雨伞架、医药箱等便民设施配备齐全且能正常使用
	其他物资	应每天检查意见箱（簿）并做好客户意见处理；安防及消防设备应定期核查检查记录
	营业时间	营业厅按时营业
服务形象	着装	按照供电公司标准统一着装，服装整洁得体、无污渍。按规定佩戴好统一编号的工号牌。鞋、袜保持干净卫生，在工作场所不打赤脚，不穿拖鞋
	仪容	仪容自然端庄，头发梳理整齐，修饰得当，不染彩色头发，不戴夸张的饰物。保持口腔清洁，工作前忌食具有刺激性气味的食品
	举止	举止文雅礼貌，精神饱满，保持微笑，坐姿良好，站姿端正，走路步幅适当，节奏适宜
服务行为	其他禁止行为	避免在客户面前打哈欠、伸懒腰、打喷嚏、挖耳朵等，尽量减少不必要的手势和动作
	用语	接待客户时，使用文明规范服务用语
	手势	为客户办理业务过程中，使用服务规范手势
	引导员行为	大厅引导员在岗，主动热情引导、分流客户；针对客户需求提供详尽的业务解答，释疑解惑；维护客户等候秩序
	保安行为	保安在岗，按规定着装，维护营业厅内、外营业秩序；协助大厅引导员做好客户引导、分流工作

续表

监控内容		服务质量标准
业务办理	首问负责制	无论办理业务是否对口，接待人员都要认真倾听、热心引导、快速衔接
	推广远程渠道	向客户推广网厅、微信、支付宝、掌厅等电子渠道方式办理业务
	准确指引	准确指引客户到相关区域办理业务
	主动接待	客户来办理业务时，应主动接待，不因遇见熟人或接听电话等而怠慢客户
	一次性告知	办理业务时，应一次性准确答复客户办理业务所需的全部资料、业务流程、业务完成时限等信息，并为客户提供相关资料清单及表单。提供业务咨询和投诉电话号码
	自助办理协办	客户自助办理业务时，营业人员应给予热情的指导和帮助，并认真审核，如发现填写错误，应及时向客户指出
	设备故障处理	因出现故障而影响业务办理时，应请客户稍候并致歉；若需较长时间才能恢复，除向客户说明情况并道歉外，应请客户留下联系电话及相关资料，以便另约服务时间
	差异化服务	对于不同的客户群体，执行差异化服务机制。针对重要客户（含VIP客户）以及老、弱、病、残、孕等特殊客户应提供优先服务
	人工服务	人工服务时应准确理解客户需求，核对用户编号、用户名称、用电地址、欠费金额等信息，避免造成业务差错。办理收费业务的时间每件不超过5分钟；人工办理其他用电业务的时间每件不超过20分钟

3.5.2 服务质量监控方式

智慧营业厅服务质量监控方式主要包括自查、联合检查、重点督查、视频抽查和第三方暗访等方式。

1. 自查

由各供电单位自行组织，包括领导督查和部门督查两类。

（1）领导督查：各级领导要多方式、定期参与营业厅优质服务明察暗访工作。

（2）部门督查：各供电单位营业部应定期开展自查，可组织营销专家或各营销班长按要求开展检查。

2. 联合检查

各供电单位营业部共同参与，各基层单位配合，由客户服务中心根据实际情况定期组织各供电单位营销专业专家交叉检查。

3. 重点督查

由客户服务中心根据不同时期的工作重点和普遍性、倾向性的问题进行督查；对被客户举报、投诉和被新闻媒体曝光的服务行为、事件进行专题调查；对重点单位适时适当增加检查。

4. 视频抽查

由客户服务中心每月通过营业厅视频监控系统，抽查供电营业厅的服务开展情况。视频抽查分时段进行，根据检查内容确定具体检查时间或随机进行检查，并通过月报通报检查情况。

5. 第三方暗访

由客户服务中心定期组织委托第三方机构，通过神秘客户方式，按照标准对营业厅服务质量进行暗访并形成专项报告。

3.5.3 服务质量问题反馈

如客户服务中心在明察暗访过程中，发现营业厅在服务上存在问题或不足，为杜绝该类问题和同类隐患再次出现，由客户服务中心负责将明察暗访的情况及时以营业厅优质服务明察暗访整改通知书（示例见下表）的形式反馈给被检查单位。被检查单位在接到通知书后10个工作日内，将整改落实情况报告客户服务中心。

营业厅优质服务明察暗访整改通知书（示例）

监控项目	营业厅服务监控
检查时间	年　月　日　00:00
被稽查单位	××供电公司××营业厅
具体检查事项	营业厅服务行为
发现的问题：检查人员进入大厅后并未有人员过来引导……	
检查依据： ××供电公司监控工作标准第二章第三点第三条； ××供电公司供电营业厅服务标准1.6.1 检查人员：××　　　　核实人员：××	
被检查单位整改落实情况： 营业部（分局）负责人签字：　　　　盖章：	

注　请于收到营业厅优质服务明察暗访整改通知书之日起十个工作日内给予书面回复意见。

NOTE

4

员工管理

随着营业厅转型升级，传统的员工管理模式与崭新的营业厅服务模式无法适配。业务办理的自助化程度越高，设置传统窗口服务的必要性也就越低，营业厅架构、营业员职责以及对他们的能力要求都会随之发生重大变化。传统的人工窗口服务模式被打破后，将难以再通过取号计件等方式对员工服务质量进行跟踪考核。因此这需要通过调整岗位规范、创新岗位胜任能力模型、优化培训管理举措、细化服务质量监控手段、优化服务质量考核指标等一系列管理创新，来适应营业厅转型变化。

4.1 岗位规范

4.1.1 班组职能

鉴于智慧营业厅已经实现充分的智能化，为了更好地发挥其功能优越性，实现传统服务模式的转型升级，营业厅班组职能和业务需要进行相应调整。

调整后，智慧营业厅主要负责业务咨询、引导客户办理业务、互联网业务推广、政策规范宣传、新业务展示推广、综合能源服务产品销售与推广等工作。

4.1.2 班组架构

在智能化应用与职能调整的双重驱动下，营业厅班组可进一步实现减员增效（见下表）。以S市某智慧营业厅为例，在转型后，大厅值班员由11人减少至4人，减少轮休班员1人，优化了人员分工，班组由原来的19人三班制改为8人制架构，职责分工调配更为灵活；剩余人员全部同步置换至其他班组，充实了现场班组的战斗力。

营业厅班组架构对比

营业厅班组分工	人员对比	转型后说明
班长		人员无变化
收费柜台		机器替代

续表

营业厅班组分工	人员对比	转型后说明
业务办理柜台		机器替代
客户分流（引导员）		设 1 人负责分流引导
咨询台		设 1 人负责业务咨询
业扩室		改为大客户接待室
增值税发票专员		人员无变化
业扩合同		职能转移
批量、投递、变更合同		职能转移
退费及发票管理员		职能转移
增值税发票+95598 综合管理员		人员无变化
轮休+备班		减少 1 人

注 —现有人员；—人员已减少。

管理创新思考

对于保留了传统营业厅业务职能的营业厅班组，可基于优秀做法，设立业务组长制度。营业厅按业务类型划分业务组长，首先夯实组内成员业务水平，能够组内轮岗；其次业务组员可通过双渠道机制申请到其他业务组轮岗，业务技能培训及疑难解答由该组业务组长负责。通过两种成长方式，进一步深化一岗多能和多岗位轮转。

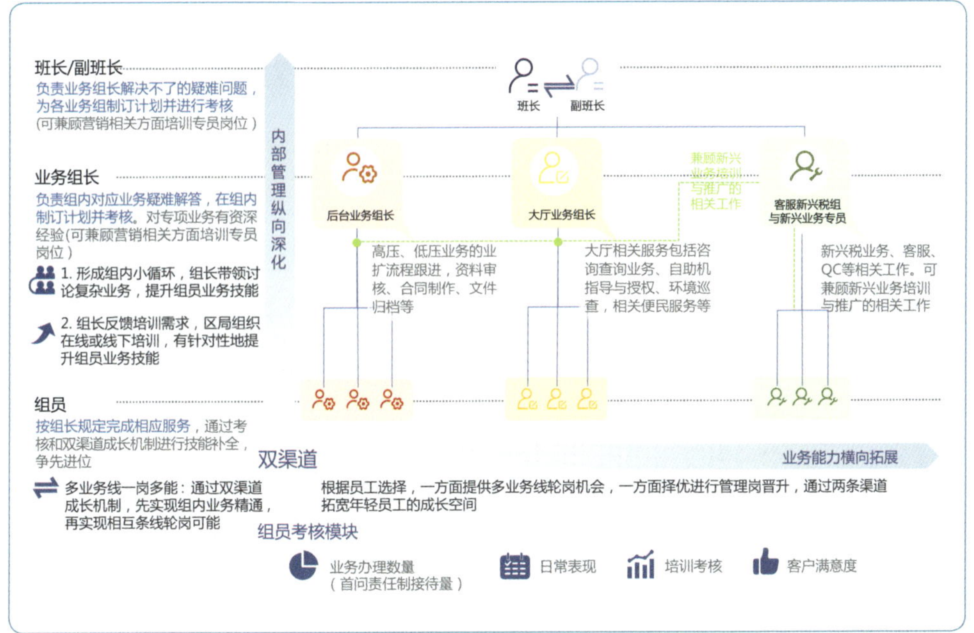

4.1.3 岗位职责

1. 营业厅班长

负责营业厅各项事务的统筹管理工作。可设一名副班长，协助班长对营业厅各项事务进行管理。管理项目包括：

- 班务管理：制订并实施营业厅工作计划；组织召开班务会议；及时传达、更新业务信息；分析客户信息、意见和建议，针对服务热点问题提出解决措施或建议。
- 服务管理：统筹营业厅日常营业服务工作，组织营业厅员工做好业务咨询引导、业务受理、交班和日结、接待引导、整理客户意见和建议等客户服务工作；督促营业厅员工落实服务要求、服务时限和服务监督等业务办理服务标准，按照外在形象规范和行为规范等要求提供客户服务；督促营业厅员工做好现场接待准备，完成来访接待任务；合理安排人员值班，调配人员分工；处理工作中各种疑难问题；组织开展客户信息管理和客户维护工作。

- 场所管理：参与营业厅设计和建设验收工作；督促班组落实 7S 管理整顿标准。
- 设施设备管理：统筹设施设备的日常管理维护工作，包括需求申请、设备进场、使用管理、巡检维护、报废处理等。
- 安全管理：落实安全管理责任；组织营业厅员工做好应急事件的应对和处理工作；及时组织班员学习相关安全条例及文件。
- 员工管理：组织营业厅培训工作，包括收集营业厅员工培训需求，制订营业厅培训计划并实施；掌握营业厅员工思想动态，做好员工的思想工作；负责营业厅员工绩效评价与考核；负责营业厅各类评优评先工作。
- 合作方管理：统筹合作方进场、现场、退场等管理工作。

2. 大厅业务组（前台引导员）

大厅业务组主要负责智慧营业厅的日常运营服务，包括合作型营业厅的驻点服务。根据营业厅服务区域和服务内容，大厅业务组前台引导员的岗位职责包括引导咨询服务、自助终端业务指导与审核、等候关怀服务、增值服务、来访接待服务、收集并整理客户意见和建议等。高峰时段营业厅前台至少安排 3 人在岗。具体要求如下：

- 引导咨询服务：负责迎送客户，识别客户需求，准确进行分流和引导，解答客户在用电业务方面的咨询疑问，维持营业厅服务秩序；根据客户需要，提供无障碍服务、优先服务等便民服务。
- 自助终端业务指导与审核：负责协助、指导客户使用智能服务终端、智能发票系统等自助服务设施办理业务，进行业务审核确认。

- 等候关怀服务：负责指引客户到客户休息区休息等候，为等候办理的客户提供手机充电、茶水、心理安抚等各类关怀服务。
- 增值服务：负责向客户宣传各类智慧用电体验产品和其他新兴业务，提供家庭电器选配建议、用电优化指导等服务。
- 来访接待服务：根据营业厅班长安排，做好现场接待准备，完成来访接待任务。
- 其他：负责收集并整理客户意见和建议；根据值班安排，按要求对营业厅场所和设施设备进行巡检，做好记录并及时反馈上报情况；协助营业厅班长做好班组建设等各类评优评先工作；完成上级交办的其他工作任务。

3. 后台业务组（后台营业员）

由于仍存在客户联系、合同签订、档案移交等线下处理工作，以及批量、内部业务等工作需处理，因此，虽然转型为智慧营业厅，营业厅人力需求得到有效压减，但营业厅后台仍需配置一定的人员，支持运营服务。

各营业厅后台业务组一般根据当地业务量情况、营业厅班组职能转移情况，灵活分配工作任务。后台业务组的职责主要包括：

- 退费、转账销账、转预收等电费处理。
- 电子及增值税发票冲红及维护。
- 批量业务、内部业务、客户资产接收等。
- 供用电合同制定及签订、临时用电延期通知及协议签订。
- 业务归档检查及档案移交。
- 现场客户意见协调及95598工单答复。
- 协助营业厅班长做好班组建设等各类评优评先工作。

- 完成上级交办的其他工作任务。

4. 综合能源组（客户经理）

综合能源组主要负责客户关系维护、增值业务拓展等工作，具体包括：

- 客户关系维护：负责客户联系、沟通、回访工作。
- 增值业务拓展：主动定期拜访客户，了解客户最新用电需求和对用电服务的意见建议，根据客户需求调整产品和服务，提供定制化解决方案。
- 其他：协助营业厅班长做好班组建设等各类评优评先工作；完成上级交办的其他工作任务。

4.2 行为规范

4.2.1 总体行为准则

营业厅人员需要遵循供电公司对于服务人员行为规范的要求。

□ 坚持“人民电业为人民”的企业宗旨和“为客户创造价值”的服务理念，牢固树立“以客户为中心”的理念，做到服务人民，奉献社会，让政府放心，让客户满意。

□ 强化市场意识、服务意识、效益意识、形象意识，具有强烈的职业责任感和事业心，做到对工作兢兢业业，对客户服务周到，维护客户与供电企业的共同利益。

□ 讲究文明礼貌、仪表仪容，树立诚信观念和信用意识，真诚对待客户，做到诚实守信，规范服务，公平、公正。

□ 发扬团队精神，维护企业整体形象，部门之间、上下工序之间、员工之间相互尊重、密切配合、团结协作。

□ 树立终身学习理念，勤奋学习，加强思想道德修养，努力增强综合素质，不断提高解决问题的能力。

□ 刻苦钻研业务，精通业务规程、岗位操作规范和服务礼仪，熟练掌握与本职工作相关的业务知识和专业技能。

□ 遵守国家法律、法规和规章，熟练掌握与本职业务相关的法律知识，廉洁自律，秉公办事，不以电谋私，不吃拿卡要，不损害客户利益，不徇私情，按照工作程序和权限履行职责。

□ 严格遵守企业的各项规章制度，自觉执行劳动纪律、工作标准、作业规程和岗位规范，不迟到，不早退，工作时间不办私事，不擅自离岗、串岗，不聊天，不做与工作无关的事情。

□ 在工作岗位上集中精神，提前 15 分钟上岗，启动有关设备，检查相关设备、物品是否正常，资料是否齐全，确保通信线路畅通。

□ 交接班时，应交接清楚当值工作，避免因为交接班使服务脱节和中断，不得在交接过程中闲聊。

□ 不能大声喧哗，闲谈，讲粗话，不能因个人问题干扰他人工作或扰乱工作秩序。

4.2.2 外在形象规范

统一、整洁、得体

□ 统一：

- 按照公司 VI 标准统一着装，统一服务形象。
- 按规定佩戴好统一编号的工号牌。

□ 整洁：

- 服装整洁得体，无污渍。服装挺括，衣裤不起皱。
- 穿前要烫平，穿后要挂好，做到上衣平整、裤线笔挺。
- 服装保持清洁、无污垢、无油渍、无异味，领口与袖口处尤其要保持干净，鞋、袜保持干净、卫生。

□ 得体：

- 着西装时，打好领带，扣好领扣，做到不敞怀、不挽袖口和裤脚。
- 衬衣下摆束入裤腰和裙腰内，袖口扣好，内衣不外露。
- 领带、领结、飘带与衬衫领口要吻合紧凑且不歪系。
- 如有工号牌或标志牌，要佩戴在左胸正上方。
- 男员工穿深色袜子，黑色皮鞋。
- 女员工穿黑色皮鞋，鞋跟高度不超过 5 厘米；穿套裙时可搭配肤色丝袜，丝袜无勾丝、破损。

□ 注意事项：

× 工作时间不得穿着暴露的衣服以及奇装异服。

× 不露脚趾、脚跟。在工作场所不打赤脚，不穿拖鞋。

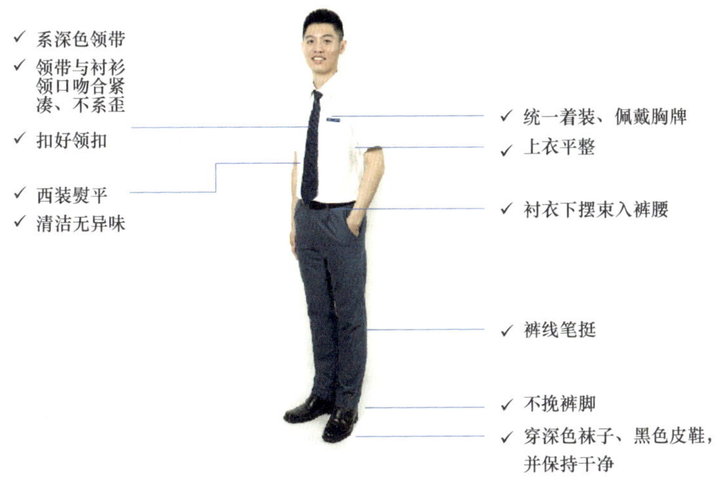

营业员着装规范（示例）

自然、大方、端庄

□ 头发：

- 头发梳理整齐无头皮屑，修饰得当。
- 男员工头发前不遮眉，侧不掩耳，后不触领，不留胡须。
- 女员工长发要盘起并用发夹固定在脑后，短发不过肩，要合拢在耳后，刘海不遮眼。

□ 面容：

- 面容清洁，眼角不留分泌物，耳蜗清洁，鼻孔干净，鼻毛不外露。
- 颜面和手臂保持清洁，指甲长度一般不超过 2 毫米。
- 讲究个人卫生，保持口腔清洁，牙齿不留食物残渣。

□ 化妆：

- 女员工淡妆上岗。
- 佩戴饰品一般不超过 3 件。
- 涂抹指甲油时须使用自然色。

□ 注意事项：

× 不染鲜艳颜色的头发。不披发上岗，忌发型怪异，头发蓬乱。

× 不戴帽、墨镜。

× 工作前忌食葱、蒜等具有刺激性气味的食品，禁止喝酒。

× 接待客户时不得吸烟，不得进食喝水。

× 工作时间不能当众化妆。不染彩色指甲，在工作岗位上不戴夸张的饰物。

正面

面容清洁，忌留胡须；
头发前不过眉；
工作时不吸烟，不咀嚼口香糖等

头发侧不掩耳，
后不触领；
耳蜗清洁

侧面

刘海不遮眼；
面容清洁，化淡
妆，忌浓妆；
忌佩戴夸张饰物

正面

长发盘起固定在
脑后，短发要合
拢在耳后；
不披发上岗，忌
怪异发型；
不戴墨镜或夸张
饰物，饰物不超
过3件

侧面

营业员仪容规范（示例）

文雅、礼貌、精神

□ 文雅：

- 坐姿良好，上身自然挺直。椅子过低时，女员工双膝并拢侧向一边。

- 站姿端正，抬头、挺胸、收腹，双手自然下垂，双脚并拢。
- 走路步幅适当，节奏适宜。

□ 礼貌：

- 面部表情和蔼可亲。
- 面带微笑，热情接待客户。
- 遇有客户提出不合理要求时，应向客户委婉说明。
- 工作发生差错时，应及时更正并向客户致歉。

□ 精神：

- 精神饱满，保持微笑，注意力集中。

□ 注意事项：

× 不用手托腮，不跷二郎腿，不抖动腿。

× 不边走边大声谈笑喧哗。

× 上班期间不做与工作无关的事情。

× 避免在客户面前打哈欠、伸懒腰、打喷嚏、挖耳朵等，尽量减少不必要的手势和动作。

× 不得与客户发生争吵，接待时不推诿、搪塞、怠慢客户。

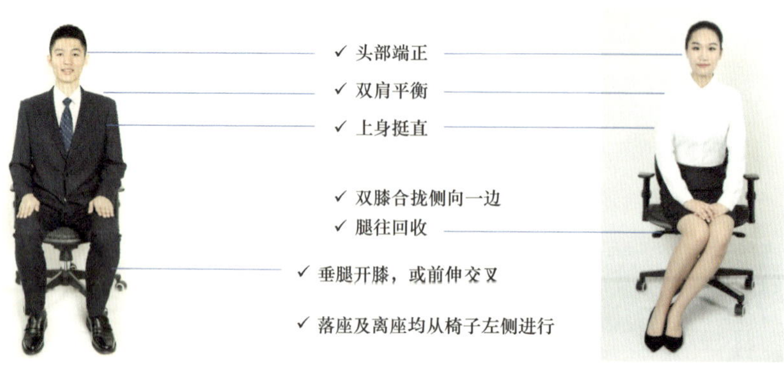

营业员举止（坐姿、站姿、走姿）规范（示例）

4.2.3 一般行为规范

- 接待：微笑、热情、真诚

接待客户热情、周到、真诚，做到来有迎声，去有送声，有问必答。

接待人员应认真倾听，热心引导，快速衔接，为客户及时解答问题。

- 会话：亲切、诚恳、谦虚

使用文明礼貌用语，语音清晰，语气诚恳，语速平和，语意明确，语言简练，态度亲切，提倡讲普通话，对于使用普通话表达有困难的客户可讲当地方言。严禁说脏话，尽量少用生僻的电力专业术语。注意谈话艺术，不随意打断客人的话语。

- 服务：快捷、周到、满意

快速、准确办理客户所需业务。同一客户办理较多业务时，需分出轻重缓急，合理安排好办理顺序，缩短办事时间。

遇到两位以上客户办理业务时，快速准确处理当前业务的同时，需礼貌地请等候的客户稍候，安抚其情绪。

遇到因客观因素无法办理的业务时，要向客户说明情况，争取客户的理解和谅解。

- 沟通：冷静、理智、策略

耐心听取客户的意见，虚心接受客户的批评，感谢客户提出的建议。做到有则改之，无则加勉。不能顶撞和训斥客户，更不能与客户发生争执。

如果属自身工作失误，要立即地向客户赔礼道歉。对于自己拿不准的问题，不回避，不否定，不急于下结论，应及时向领导汇报后再答复客户。

4.2.4 业务服务原则

智慧营业厅服务工作实行首问负责制、一次性告知制和限时办结制，坚持“先外后内”原则。

- 首问负责制：无论办理业务是否对口，接待人员都要认真倾听，热心引导，快速衔接。若问题需要其他专业人员进行说明，则应向对方说明事由致歉，并推荐解决办法。如电话通知相关部门人员接待客户的咨询或留下客户的联系方式，在有结果后及时通知客户。
- 一次性告知制：客户办理业务时，接待人员应一次性准确答复客户办理业务所需的全部资料、业务流程、业务完成时限等信息，并为客户提供相关资料清单，提供业务咨询和投诉电话号码。

- 限时办结制：客户申请办理用电业务后，后台按照规定的时间、程序和要求处理该业务时，应遵循准时、规范、高效、负责的原则。
- “先外后内”原则：当有客户来办理业务时，应立即放下手中的其他工作，马上接待客户；如手中工作确实十分紧急无法搁置，则需寻找其他替代人接待客户，若无替代人则应先向客户致歉，请客户稍候，并尽快接待客户。

4.2.5 业务服务规范

- 来有迎声，走有送声：接待客户时，应起身相迎，如在大客户接待室或客户协调座席接待客户，还应微笑示座。客户办完业务离开时，应微笑与客户告别。
- 双手接还，礼貌致谢：客户递上资料证件时，应双手接过，并致谢。递还资料证件时，应将其正方朝向客户，双手持资料证件归还，并再次致谢。
- 安抚情绪，及时疏导：因系统出现故障等客观因素导致业务无法正常办理时，如短时间内可以恢复的，应请客户稍候，并致歉；需较长时间才能恢复的，推荐客户使用其他电子渠道办理，若仍无法办理，则分流至人工服务办理；若全渠道故障均无法办理，除向客户说明情况并道歉外，应留下客户的联系电话及相关资料，以便系统恢复后联系客户，根据客户意愿选择合适的渠道办理业务。营业员应及时关闭出现故障未能恢复的智能服务终端，在显著位置放置“暂停服务”标识牌，或者在终端显示页面列示“暂停服务”标志。

管理创新思考

由于有别于传统人工窗口服务模式，客户对于自助服务过程中员工提供的服务标准化、规范化和人性化程度更敏感，要求也更高。对此，智慧营业厅需要不断提高服务标准，定期更新服务规范，不断提升营业员服务水平，以满足客户对服务质量的期待。

4.3 职业发展

职业发展通道，是指结合企业根据发展战略目标、生产经营业务特点，为实现员工个人职业发展而设置的路线或者途径。供电公司可以岗位分类和岗位层级划分为基础，建立管理类、专业技术类和技能类三条职业发展通道，分为纵向和横向两个发展方向。

- 管理类：担负领导（决策）职责，具备管理职能（任务）的岗位。

- 专业技术类：从事专业技术工作，具有相应专业技术水平和能力要求的，为企业或部门领导提供专业支持的岗位。
- 技能类：运用生产操作技能，承担技能操作工作的岗位。

4.3.1 纵向发展

营业厅员工岗位所在通道属于营销技能发展通道，员工可由低职级岗位向高职级岗位逐级向上晋升。在岗位有空缺的前提下，员工晋升岗位应符合拟上岗位的任职资格条件。

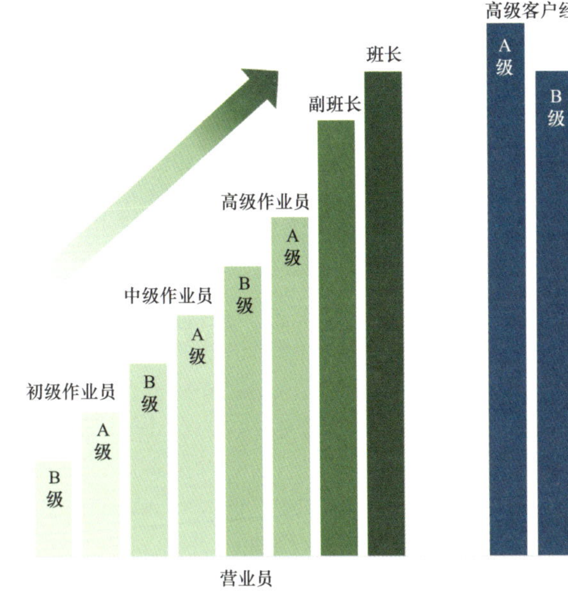

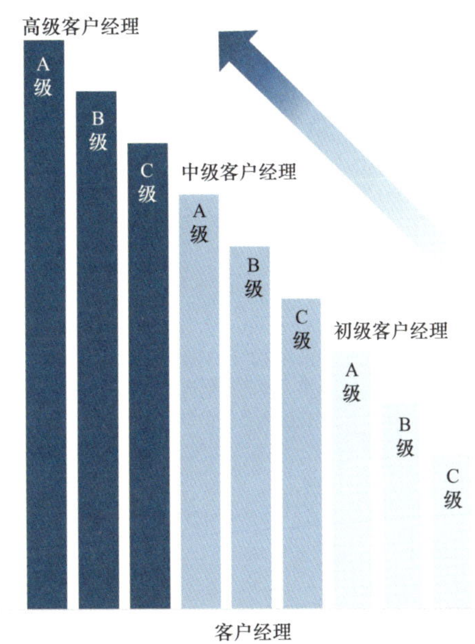

4.3.2 横向发展

横向发展是指员工从本通道的岗位往其他通道的岗位发展。客户服务中心和营业厅应提供条件，加大员工培训力度，加强员工轮岗，促进员工学习和掌握与本岗位相关的技术、技能，丰富员工的工作经历，拓展员工复合型的业务能力，培养一专多能的员工，增强员工横向发展的适应性。

在岗位有空缺的前提下，如营业厅员工具备以下基本条件，可根据工作需要，通过竞聘、组聘或工作调整等方式，跨通道到管理类岗位或专业技术类岗位发展，对优秀人才可适当放宽条件：

（1）从事管理类岗位工作的应具备3年及以上专业技术或技能岗位工作经历，且近3年年度绩效考核结果均在B级（称职）及以上。

（2）从事专业技术类岗位工作的应具备3年及以上技能岗位工作经历，且近3年年度绩效考核结果均在B级（称职）及以上。

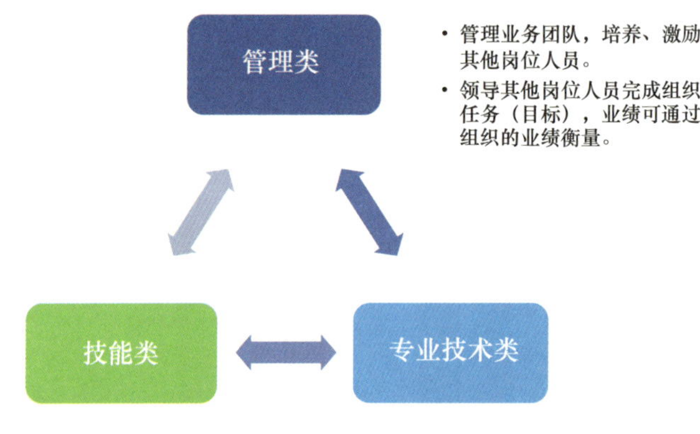

4.3.3 技术专家

为充分调动公司专业技术人员的工作积极性和创造性，加强高层次专业技术人才队伍建设，提升公司人才管理工作的科学化水平，供电公司可选聘一批业绩优异的员工进入技术专家队伍。

在市场营销领域营销技术专业方面（如：营销智能技术应用、大数据在营销服务中的应用、客户服务能力建设、业务运营技术、服务产品开发及运营等）实绩突出的人员，可以根据资格条件及有关要求，自行报名或通过组织推荐报名进入技术专家队伍。评审通过后，则需按照公司有关规定履职，发挥专业技术带头人作用。

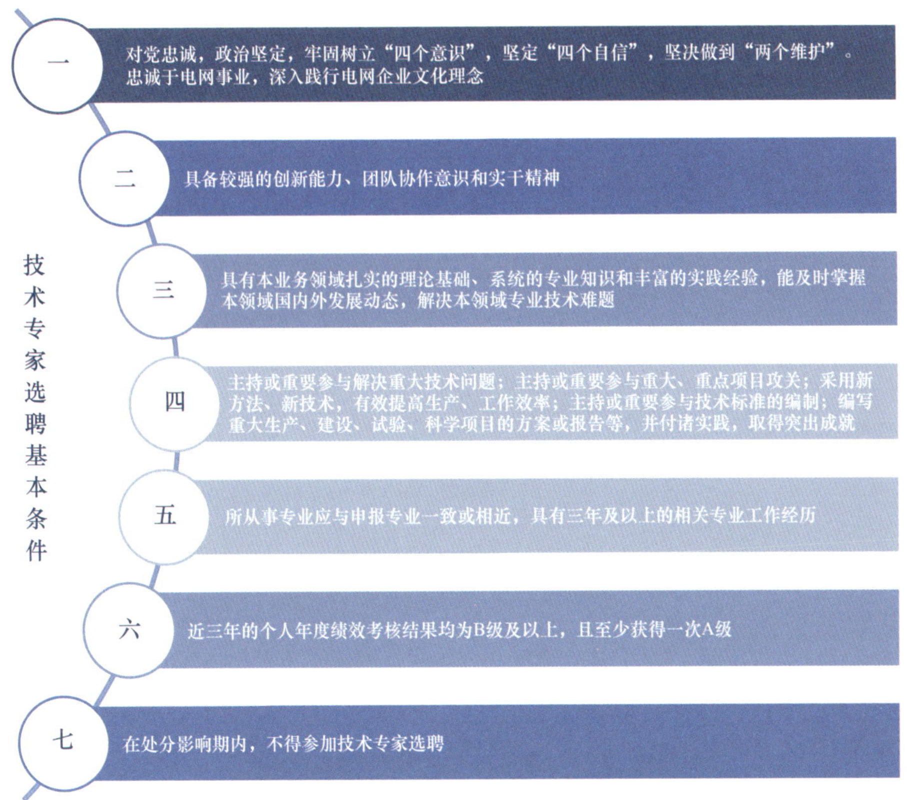

管理创新思考

随着服务渠道数量增多，如何做好多渠道服务质量管控工作是保障客户体验良好需要回答的重要问题。针对实际工作中可能会出现的跨部门、跨渠道回答口径不一的复杂问题及班组难应对问题，可以成立内部专家专项客服组，由经验丰富、责任心较强的老员工组成，并建立健全组织内的多向监督制度。这样的好处是，其一成立专家客服后，如出现员工因客户口径差错导致问题，可向上对专家客服反馈，形成一线员工和客服的双向监督；其二对于某些复杂业务、历史遗留问题、95598 客服遇到的疑难问题，可以通过专家客服更好地解决、解答。

4.4 培训提升

4.4.1 胜任能力评价

为了培养造就一支结构优化、素质优良、技艺精湛、爱岗敬业的技能员工队伍，供电公司需建立技能类岗位胜任能力评价体系。技能类岗位胜任能力评价标准按照供电公司岗位分类、岗位层级的划分为基础建立。评价标准以岗位职责为基础，与工作业务事项相对应，根据业务发展变化及时更新相应模块，客观反映上岗及履行岗位职责所必须具备的能力和素质要求，实现“干什么，会什么。”

1. 评价标准

供电智慧营业厅员工岗位胜任能力评价标准包括上岗资格评价标准和能力评价标准。

（1）上岗资格评价标准。拟转岗、新上岗或所在岗位评价标准发生变化的员工须先通过上岗资格测评。上岗资格测评的内容包括电力行业通识类知识、本业务领域基本知识、岗位对应的安全基本操作知识等。按照各业务领域情况，共分为四大类：电力专业、通信信息、电力营销以及综合。智慧营业厅员工在上岗前则需要通过电力营销业务领域上岗资格测评。

上岗资格评价采取机考形式，一般每季度开展一次，对于集中转岗的情况，可开展月度测评。

（2）能力评价标准。员工上岗或晋升前，需在一年内通过相应岗位的能力评价，合格后方能持证上岗。能力评价标准一般包括知识、技能、素质潜能三部分。每年度根据情况可开展两次，知识和技能单科成绩当年有效，知识和技能成绩均达标者，方可认定合格。

- 知识：知识部分包含基础知识、专业知识和相关知识 3 个模块。基础知识包括电工原理、电力系统基础、识绘图知识等；专业知识包括该专业领域理论、专业管理制度规范等；相关知识包括辅助性知识等。
- 技能：技能部分包含基本技能、专业技能和相关技能 3 个模块。基本技能指常规操作技能、基本工器具使用等；专业技能指基于岗位的作业技能及作业安全等；相关技能指辅助性技能等。
- 素质潜能：是指各岗位人员在从事本岗位工作时所具备的潜在能力和内在能力，包括同一岗位类型人员在工作时的共性标准和针对性标准。素质潜能部分包含通用和鉴别 2 个模块。通用类是指各岗位人员共同具备的若干潜在素质组合，是各岗位人员工作时的共性标准；而鉴别类是指各岗位具有的个性化能力素质组合，区别于其他岗位的潜在素质，是指从事本岗位工作的针对性标准[1]。

管理创新思考

智慧营业厅员工岗位胜任能力模型，是基于营业厅转型升级背景，为更好地做好客户服务工作，对员工所需要具备的核心素养、基础能力、专业知识和技能等方面的综合要求。与传统营业厅员工的岗位胜任能力相比，智慧营业厅将对员工的岗位胜任能力有更高要求，营业员需要掌握更为全面的业务知识以实现一岗多能，需要懂得维护更多的智能设备以保障营业厅正常服务，需要有更强的学习能力以应对服务产品的快速迭代更新。

智慧营业厅员工岗位胜任能力模型（示例）

一级	二级	三级
知识	基础知识	电工原理、电力系统基础、识绘图知识
	专业知识	国家法律法规、供电公司规章、营业厅服务规范、业务内容及流程、市场营销知识、安全知识、电力行业趋势
	相关知识	计算机知识原理、…
技能	基本技能	营销系统操作
	专业技能	设备使用与维护、营业服务、市场推广、设施设备日常巡检、应急处理、班组管理
	相关技能	公文写作、计算机操作、…
素质潜能	通用	爱岗敬业、精益求精、协作共进、创业创效、廉洁从业、责任意识、安全风险意识、计划执行能力
	鉴别	组织协调能力、沟通能力、分析判断能力、问题解决能力、学习能力、快速反应能力

---

[1] 吴琼．基于岗位胜任能力的电力企业技能人员岗位能力评价方法与体系研究［D］．广东：华南理工大学，2014.

2. 结果应用

供电智慧营业厅员工岗位胜任能力评价结果应在持证上岗、教育培训以及岗位配置等方面应用。

- 持证上岗：岗位胜任能力评价合格证是供电公司系统内部上岗的任职条件要求，须按供电公司要求参加岗位胜任能力培训和评价，限期取得相应资格证书，持证上岗。
- 教育培训：根据岗位胜任能力评价标准，可开展针对性的培训，提高员工岗位胜任能力。对于技能类岗位胜任能力评价不合格的人员，应安排三个月跟班或集中培训，提升岗位胜任能力，督促其取证。
- 岗位配置：通过岗位胜任能力评价，可分析在岗人员的人岗匹配度，进行岗位配置与人员调整，实现人力资源的合理使用。对于岗位胜任能力评价不合格，且培训后仍不能获得本岗位胜任能力评价合格证的员工，可安排转岗。

岗位胜任能力评价标准的各等级要求按照星级从低到高，根据岗位要求合理适度地划分评价标准的等级，确保制订的各项评价标准与完成岗位履职所需的胜任能力相匹配，各级标准之间应保持相对平衡。

供电智慧营业厅员工岗位胜任能力等级以能力评价等级为主，分为班站长（正职）、班站长（副职）、高级作业员、中级作业员和初级作业员五个等级。

- 初级作业员应具备完成本岗位基本操作的能力，能够按照工作负责人的指令，完成日常工作任务。
- 中级作业员应具备担任工作负责人的能力，能够带领工作组独立完成班组安排的日常工作任务。
- 高级作业员应具备故障判断和异常处理能力，能够分析、解决工作现场“疑难杂症”，知道怎样做，而且知道为什么这样做。
- 班长（正副职） 应具备高级作业员以及供电公司班站长五星素质模型要求的班组管理和带队伍能力。

营业厅应按照持证上岗要求，对照任职资格标准，结合工作实际，按照供电公司任职资格认证管理流程，通过自评、他评、组委会评审等方式，对拟上岗员工进行岗位胜任能力培训与评价，取得岗位胜任能力合格证书后方可上岗，实现人岗匹配；以能力评价模型为导向，定期分析员工能力发展情况，了解员工成长需求，制订培训计划，提供个性化、针对性的培训。

4.4.2 分析培训需求

做好培训前的需求调查和分析工作，是培训获得良好效果的大前提。客户服务中心每年至少对营业厅组织一次培训需求调查和分析工作，为制订年度培训计划提供直接依据。

1. 需求调查

由客户服务中心或培训发起部门组织，以问卷调查、员工访谈、工作坊等方式，面向营业厅全体员工征集培训需求，以更好地立足员工，提供成长支持。

（1）问卷调查。如需要大范围、标准化收集员工培训需求，可采用问卷调查方式进行。

问卷内容一般包括员工认为自身所需提升的能力、期望的培训内容和形式等，具体调查内容可根据近期培训工作重点进行调整。如希望了解员工心理状态、能力掌握程度等，并为分析员工能力水平与能力模型差距提供量化数据参考，可在问卷中增加相关量表题目，比如 MBI 职业倦怠量表、心理健康量表等。

征集培训需求的问卷调查一般采取自填模式，同时为了实现培训管理精细化，需求征集可采取记名形式进行。营业厅培训需求征集问卷示例如下所示。

营业厅培训需求征集问卷（示例）

所在营业厅：　　　　职级/岗位：　　　　姓名：

A1. 近半年以来，您在工作上是否遇到过以下困难？（可多选）

无法现场解答客户疑问 ………………………………………… 1

无法有效安抚客户情绪 ………………………………………… 2

无法顺利寻求他人帮助 ………………………………………… 3

不会操作新入场的设施设备 …………………………………… 4

无法判断自助终端故障类型 …………………………………… 5

无法有效率地完成当日工作任务 ……………………………… 6

其他困难（请注明：　　　）………………………………… 7

以上均无 ………………………………………………………… 8

A2.（A1＝1）当时无法解答的客户疑问主要是关于哪些方面？（可多选）

业务办理所需材料 ……………………………………………… 1

业务办理所需流程 …………………………………………………… 2

业务办理的法律法规依据 ……………………………………………… 3

业务办理进度 …………………………………………………………… 4

无法有效率地完成当日工作任务 ……………………………………… 5

其他方面（请注明：　　　　）………………………………………… 6

A3. 请根据实际情况，对您以下各方面能力进行客观评价。（每行单选）

胜任力模型	精通	熟悉	了解	不了解	说不清
团队理念	4	3	2	1	99
基础能力	4	3	2	1	99
理论知识	4	3	2	1	99
专业能力	4	3	2	1	99

A4. 您希望未来公司和营业厅可以多组织哪些方面的培训？（可多选）

业务知识类（请注明：　　　　）………………………………………… 1

法律法规类（请注明：　　　　）………………………………………… 2

沟通技巧类 …………………………………………………………… 3

设备技能类（请注明：　　　　）………………………………………… 4

班组管理类 …………………………………………………………… 5

制度流程类（请注明：　　　　）………………………………………… 6

企业文化类 …………………………………………………………… 7

其他类型（请注明：　　　　）…………………………………………… 8

A5. 您希望培训的形式有哪些？（可多选）

主题讲座 ……………………………………………………………… 1

案例分析 ………………………………………………………… 2

小组学习 ………………………………………………………… 3

沙龙分享 ………………………………………………………… 4

工作坊 …………………………………………………………… 5

观看视频 ………………………………………………………… 6

情景模拟/沙盘演练 …………………………………………… 7

答题竞赛 ………………………………………………………… 8

参观交流 ………………………………………………………… 9

其他类型（请注明：　　　　）……………………………… 10

（2）员工访谈。如需要充分倾听员工心声、深入挖掘员工成长需求，同时考虑部分话题较为敏感，需要保证过程私密性，可采用员工访谈方式收集员工培训需求。该方法可配合问卷调查法使用，以便于深入挖掘数据背后隐藏的问题。员工访谈一般由各营业厅自行组织，或者委托第三方机构开展，通过一对一、面对面沟通的方式，按照准备好的访谈提纲进行提问和追问，了解培训需求。每次访谈建议控制在 15～20 分钟。下面为营业厅培训需求访谈提纲示例。

营业厅培训需求访谈提纲（示例）

×××您好，这次访谈主要是想通过和您的沟通，收集一些关于公司和营业厅培训管理方面的意见建议。

首先，我想了解一下您对公司和营业厅培训的看法。您认为之前的培训对您能力的提升有明显的帮助吗？哪方面的收获最大呢？

其次，我想了解一下您对公司和营业厅培训的需求。您希望公司和营业厅组织哪方面的培训呢？培训的形式有哪些？

（如开展过问卷调查）最后，我想了解一下，之前您在问卷调查里提到近半年在工作中遇到过困难，请您再回忆一下当时的情景，通过这件事您觉得有哪些问题是可以通过培训得到解决的？

（3）工作坊。如员工认为对于自我成长需求了解不足，或者培训后收效甚微，希望通过集思广益的方式找出更有效的培养路径，则可通过工作坊帮助聚焦问题并提出解决方案。工作坊源自英文 Workshop，是指在引导者的带领下，参与者围绕一定的主题和目标，不断对话、相互学习和共同创造的过程。以定位成长需求为目的的工作坊，建议举办时长控制在半天或一天以内。

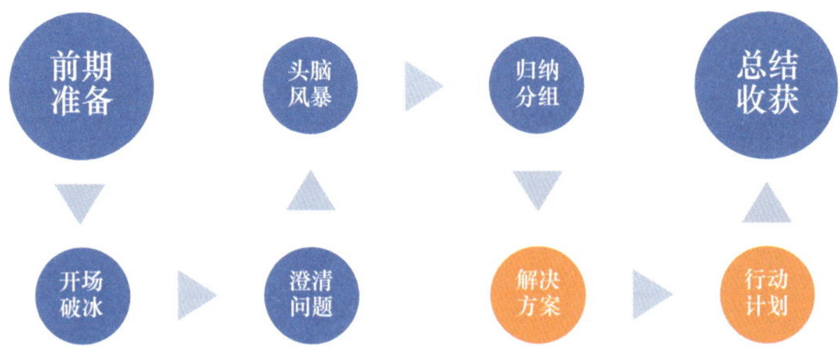

2. 需求分析

将多种途径收集到的培训需求进行汇总，进一步梳理需求类型。一方面，结合各营业厅员工实际成长情况，评估个性化培训需求；另一方面，根据各项培训需求的急迫程度、必要程度进行排序，为制订培训计划提供数据和材料参考。营业厅员工岗位胜任能力评估可视化图表（示例）和营业厅员工培训需求分析表（示例）如下所示。

营业厅员工岗位胜任能力评估可视化图表（示例）

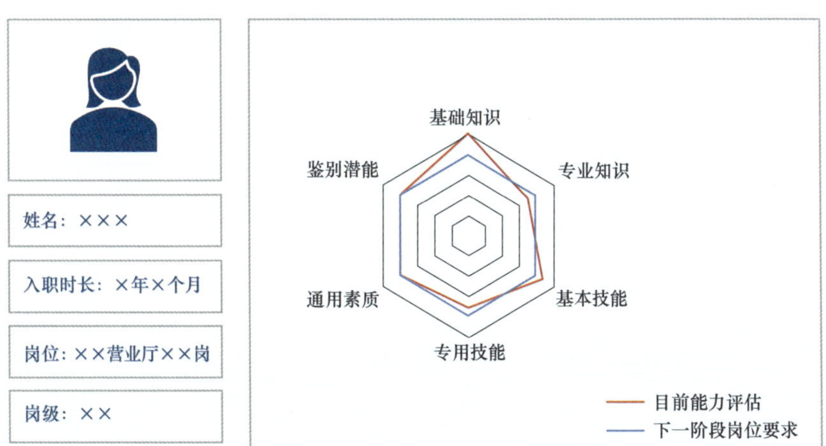

近五次培训参与情况：
2021年07月××培训 合格
2021年03月××培训 合格
2020年12月××培训 优秀
2020年06月××培训 合格
2020年01月××培训 合格

★员工期望提升方向：
基础知识：暂无
专业知识：业务内容及流程
基本技能：暂无
专业技能：应急处理
通用素养：暂无
鉴别潜能：问题解决能力

★系统评估能力提升方向：
基础知识：暂无
专业知识：业务内容及流程
基本技能：暂无
专业技能：应急处理、市场推广
通用素养：暂无
鉴别潜能：暂无

营业厅员工培训需求分析表（示例）

胜任能力	能力要求	总体	A营业厅	B营业厅	……
知识	整体	★★★	★★★	★★	……
	1. 基础知识	……	……	……	……
	2. 专业知识	★★★	★★★	★★	……
	2.1 国家法律	★	★	★	……
	2.2 公司规章	—	—	—	……
	2.3 营业厅服务规范	★	★	—	……
	2.4 业务内容及流程	★★★	★★★	★★	……
	2.4.1 低压业扩报装	—	—	—	……
	2.4.2 光伏业务	★★★	★★★	★★	……
	……	……	……		
	2.3 市场营销知识	—	—		
	……	……	…		
技能	整体	……	…		
	……	……	…		
素质潜能	整体	—	—	—	……

培训需求：

该营业厅有员工提出希望开展关于*光伏业务*的培训，员工数量为*3*名。

相关营销数据：

过去一年，该营业厅关于光伏业务的办理数量为××件。

注 ——暂无需求；★—有培训需求；其数量反映需求强烈程度。

4.4.3 制订培训计划

培训计划要与实际相结合，讲求实效。由客户服务中心根据各营业厅培训需求，制订年度培训计划。培训计划中一般需明确各项培训内容及类型、培训对象、组织部门、培训形式、考核方式、培训时间及时长等内容。

1. 培训内容及类型

培训可分为基础能力培训、理论培训、技能培训、素质培训四大类，具体内容包括但不限于新员工培训、企业文化理念培训、业务技能提升培训、新文件政策的学习等。

- 基础能力培训：是指针对营业厅服务所需的基本能力进行学习和演练，使员工具备完成本岗位基本操作的能力，包括但不限于语言表达、服务礼仪、文书写作和处理等。
- 理论培训：是指针对岗位所需的相关理论制度知识进行学习，使员工具备本职工作所需的基本理论和进阶理论，相关学习材料为《供电营业规则》等各专业业务指导书以及相关的政策制度文件。
- 技能培训：加强在岗员工的业务技能、实操水平，使其在充分掌握理论知识基础上能够将其应用、发挥、提高。
- 素质培训：根据工作需要，不断加强营业班员工的心理学、社会学、人际关系学、服务理念、市场营销等相关知识的储备，满足员工实现更高自我的需要。

2. 培训对象

培训对象即参与培训的人员类型。一般而言，营业厅全体员工均为培训对象。根据员工的入职年限、岗位级别等，培训对象可分为营业厅班长、前台员工（引导员）、后台员工和新员工。其中，根据具体负责的业务类型，又可以将后台员工作进一步划分。不同阶段、不同岗位的营业厅员工会有不同的培训需求，根据培训内容及员工的个性化成长需求，各场培训所面向的培训对象亦有所差异。

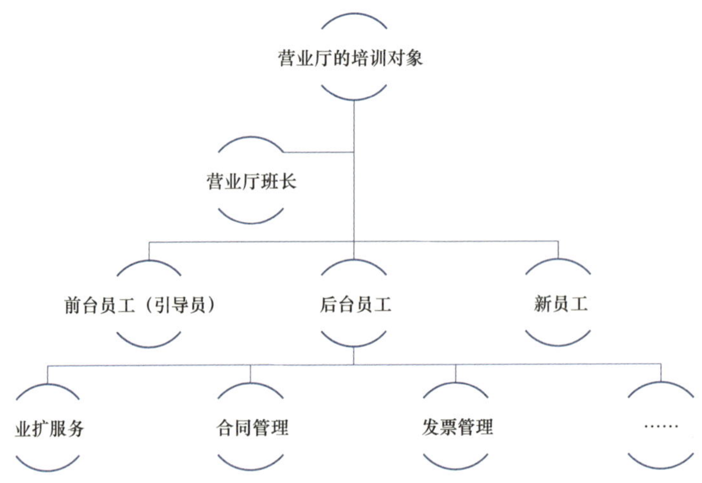

3. 组织部门

针对营业厅员工的培训一般由客户服务中心组织，各营业厅也可视自身实际工作需要，申请在本营业厅内部开展培训。相关培训计划同样需要向客户服务中心报备。

4. 培训形式

分为供电公司内部培训、外派培训和员工自主培训。供电公司鼓励员工利用业务时间积极参加公司内部或外部、各种提高自身素质和业务能力的培训。

- 内部培训：根据工作需要对员工所在岗位所需技能进行小规模、灵活实用的培训，内部培训一般由营业厅班组或其上级职能部门组织。新员工培训、岗位技能培训、轮（转）岗培训一般采取该种形式。
- 外派培训：是指培训地点在公司以外的培训，一般由营业厅的上级职能部门组织，包括供电公司组织的各种培训，如技能考试、取证考试、考察学习交流等。

- 员工自主培训：是指员工利用闲余时间，自主学习供电公司或营业厅下发的最新政策、制度文件或相关课件。

5. 考核方式

为保证服务质量，营业厅严格执行“先培训、后上岗；先培训、后转岗”制度。培训结束后原则上要有考核，以强化、检验培训效果，营业员通过培训考核后方可上岗。根据不同培训内容和培训形式，由培训组织方确定考核方式，包括但不限于笔试、情景模拟、现场问答、作业考核、学习心得等。

对于培训考核成绩优异者，可给予物质奖励或精神奖励；成绩不合格者可予以相应处罚。对于公示通报的考核结果，营业厅可结合供电公司绩效考核制度，作为员工绩效考核的依据之一。

6. 培训时间及时长

鉴于营业厅工作的特殊性，培训时间以短期为主，时间以小时为计量标准。营业厅员工年度培训计划表（示例）见下表。

营业厅员工年度培训计划表（示例）

序号	培训内容	培训类型	培训对象	组织部门	培训形式	培训时间	培训时长	考核方式	备注
1	新员工培训	理论培训	新入职员工	客户服务中心	内部培训	每年3、6、9、12月	1周	笔试考核	新入职员工达10人后统一组织实施，不足10人则3个月组织一次
2	营业厅服务规范	理论培训	全体营业厅员工	各营业厅	员工自主培训	每年3、6、9、12月	1天	笔试考核	每季度由营业厅自行组织

续表

序号	培训内容	培训类型	培训对象	组织部门	培训形式	培训时间	培训时长	考核方式	备注
3	设备维护	技能培训	全体营业厅员工	各营业厅	内部培训	每年3、6、9、12月	1天	现场演练	每季度由营业厅自行组织，由第三方设备厂商提供技术支持
4	企业文化学习	素质培训	全体营业厅员工	客户服务中心	内部培训	每年12月	1天	学习心得	
5	行业最新趋势	素质培训	营业厅班长	客户服务中心	外派培训	每年6月	5月	学习心得	
	……								

4.4.4 组织实施培训

1. 制订方案

组织实施培训前，培训组织单位应制订好当次培训活动方案，并做好讲师、场地、物资等协调准备工作。培训活动方案的具体内容包括培训目标、培训内容、培训讲师和参培人员、培训时间、培训地点（场所）、培训材料和培训设施等。

2. 组织实施

培训组织单位应提前一周下发培训通知，按照培训活动方案组织培训活动。各营业部负责协助进行培训的实施与评价。

3. 培训纪律

（1）按出勤计：一般情况下，培训以出勤计，培训不以加班计算。

（2）按时出席：参加培训的员工必须提前 5 分钟到达培训地点。

（3）请假手续：参加培训的员工在培训期间不得随意缺席，偶遇突发事件无法参与培训或中途离场的，需严格履行请假手续，并提前一天向培训负责人申请，不得擅自找他人替代。

（4）课堂纪律：培训过程中，员工手机需保持静音状态，不得做与培训无关的事情，不扰乱课堂秩序，积极参与课堂活动，按时完成培训作业。

管理创新思考

为了提高培训灵活性，统一不同服务渠道的人员服务动作和回答口径，可以通过搭建线上知识平台，实现课程教学模块化，满足员工个性化学习需求。新员工可以通过线上学习来掌握统一的基础性知识，入职时间较长的员工可以通过该平台学习领会最新政策文件精神，搭配线上考核，使员工对于理论知识的掌握情况一目了然。另外，还可以由专属师傅、轮带师傅对新员工进行业务实操指导，为新员工提供模拟或真实的业务场景，丰富学徒的实战经验。综上所述，线上基础培训与师带徒实操培训“双线合一”的方式，使新员工培训兼具统一性和实践性，该方式既可使新员工掌握工作规范流程，又能根据复杂的实际情况适当变通。

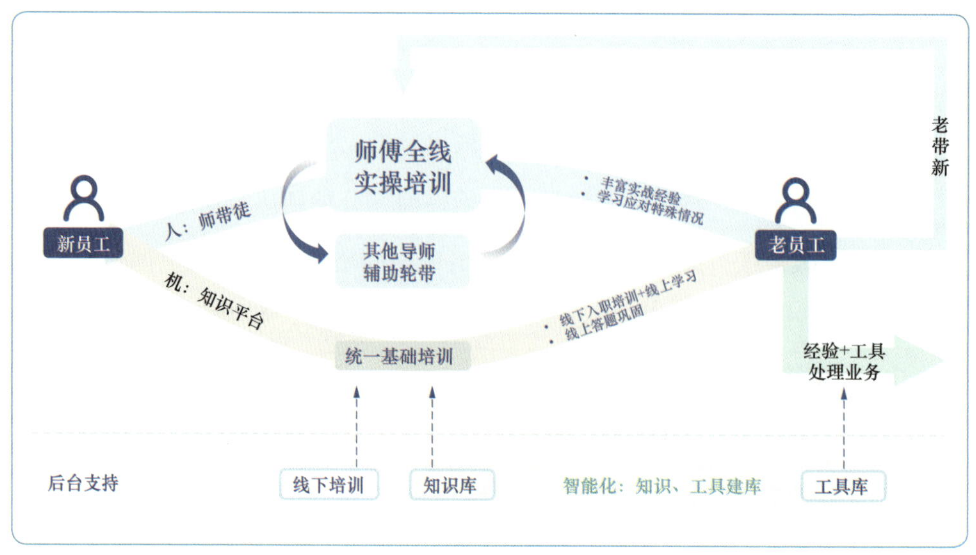

4.4.5 评估培训效果

每次培训结束后，由培训发起部门建立培训工作档案，包括培训范围、培训方式、培训教室、培训往来单位、培训人数、培训时间、学习情况等，针对培训内容和培训效果做好总结记录工作。培训完成后，培训负责人需在一个月内完成本次培训的归档工作。营业厅培训总结记录表（示例）见下表。

营业厅培训总结记录表（示例）

培训时间		培训地点	参加人数
培训主题			培训讲师
培训形式		□内部培训 □外派培训 □员工自主培训	
培训内容			
培训效果	学员考核	考核形式：□现场问答 □线上测评 □情景模拟 □作业考核 □学习心得 评估结果：	
	讲师考核	讲师来源：□内部 □外部（第三方） 个人形象：□优 □良 □中 □差 授课能力：□优 □良 □中 □差 总体评价：□优 □良 □中 □差	

续表

培训效果	活动考核	员工满意度：□满意 □较为满意 □一般 □不满意 活动效果评价：
	其他意见	

管理创新思考

在内部管理平台上，增加培训管理功能模块，依托平台开展个人能力分析、培训需求收集、个人学习计划定制、学习安排提醒、培训效果反馈意见收集等工作，实现员工培训闭环管理。通过培训管理智慧化，为提升培训精细化水平，满足不同营业员业务提升的个性化需求提供条件。

4.5 考核激励

为更好地将营业厅作为展现供电企业形象的窗口，需要积极有效地落实营业厅服务标准，科学、合理地考核营业厅服务综合表现，建立智慧营业厅员工和营业厅服务质量考核激励机制。

4.5.1 营业员日常绩效考核

1. 考核内容

针对营业员的日常绩效考核，由各营业厅自行组织，主要从行为准则、工作规范、岗位职责和附加项四个方面，对员工绩效进行评价考核。营业厅日常绩效考核内容（示例）见下表。

营业厅日常绩效考核内容（示例）

考核内容		考核方式
行为准则	爱岗敬业，乐于奉献 勤奋学习，精通业务 遵章守纪，廉洁自律	360°评估
工作规范	外在形象规范 一般行为规范 业务服务规范	现场检查（含第三方暗访）、视频抽查、客户满意度调查
岗位职责	工作计划完成度	精益计分
	管理指标（班长）	精益计分、360°评估
	服务指标（前台）	精益计分、现场检查（含第三方暗访）、视频抽查、客户满意度调查

续表

考核内容		考核方式
岗位职责	业务指标（后台）	精益计分、360°评估
	营销指标（客户经理）	精益计分、360°评估
附加项	有效投诉、表扬	精益计分
	活动评优	
	其他	

在岗位职责的考核上，实行差异化考核，即根据其岗位职责，不同岗位员工的考核内容会所有不同。

- 管理指标：针对营业厅班长，可以从班务管理、服务管理、场所管理、设施设备管理、安全管理、员工管理、合作方管理、客户管理等方面全面进行考核。
- 服务指标：针对前台的大厅业务组引导员，可以从服务原则、服务行为、现场管理、客户满意度等方面进行考核。
- 业务指标：针对后台业务组的营业员，可以从业务办理效率、业务办理质量、服务支持质量等方面进行考核。
- 营销指标：针对综合能源组的客户经理，可以从客户互动率、增值服务推广量、签约量等方面进行考核。

2. 考核方式

日常绩效考核方式包括精益计分、360°评估、现场检查（含第三方暗访）、视频抽查、客户满意度调查等。

- 精益计分：精益计分制是指在规定的生产技术和劳动组织下，根据完成某项工作的安全风险、责任大小、技术要求、劳动强度、工作时间等要素，合理确定该工作的定额工分值。确定计分库是精益计分的核心，为确保实施合理性、管理人性化，营业厅班组可按照自身实际情况、工作特色，通过周例会、共识研讨会等形式进行讨论，建立健全自己的“精益计分库。”

- 360° 评估：由客户服务中心定期组织营业厅开展，通过问卷调查、一对一访谈等方式多方位收集信息，由员工自己、上司、下属、同事、客户等全方位评估员工。
- 现场检查或第三方暗访：由营业厅负责人进行内部自检，或由客户服务中心每年组织委托第三方，通过神秘客户方式，按照服务质量标准对营业厅服务质量进行暗访并形成专项报告。检查结果纳入当月绩效考核当中。
- 视频抽查：每月通过营业厅视频监控系统，抽查供电营业厅服务开展情况。视频抽查分时段进行，时段可分为上班和中午值班时间。根据具体检查内容确定具体检查时间或随机进行检查，并通过月报通报检查情况。
- 客户满意度调查：由客户服务中心每年组织委托第三方，通过问卷调查方式，收集前来营业厅办理业务或咨询事项的用电客户满意度评价及意见建议，每月形成专项报告。

管理创新思考

随着营业厅服务从人工向自助的转变，营业厅的员工工作考核面临着无法量化、难以考核的难题。针对该问题，需要通过数字化手段，准确识别员工的工作内容、工作动态、到岗情况等，在脱敏内容中精细化了解每位员工的工作量与工作强度，通过多样化的识别手段来确保考核结果的客观性与准确性。

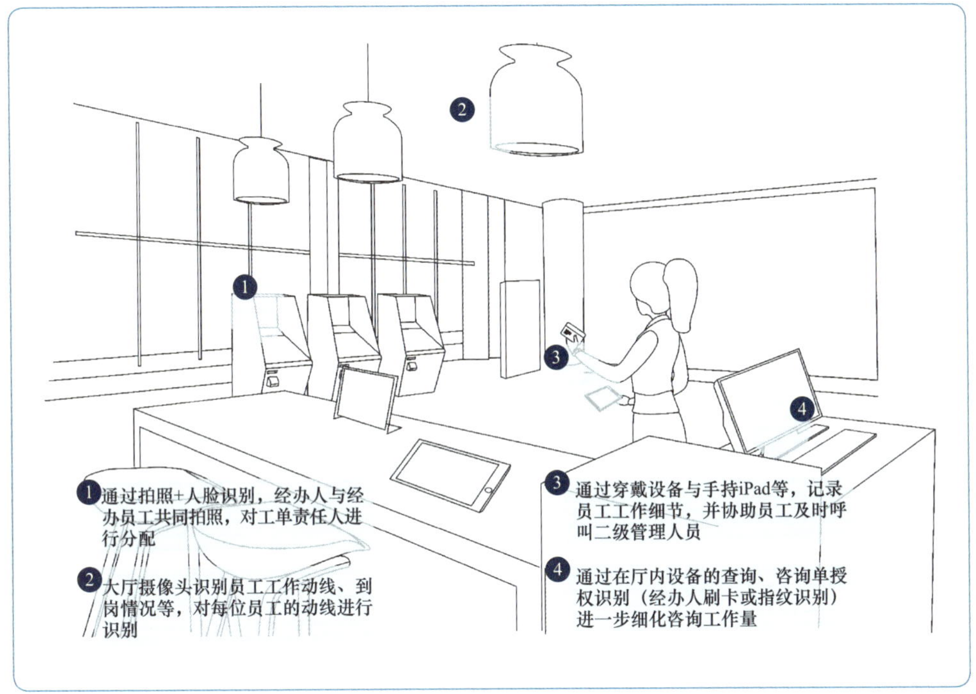

4.5.2 营业厅服务质量月度考核

由客户服务中心组织，每月对营业厅服务质量进行考核，并通报排名结果。考核指标包括营业差错、有效投诉、客户表扬、超时和提级工单、行为规范、现场管理等方面，同时可根据当月重点工作任务安排，灵活设定业务指标。营业厅服务质量量化考核指标（示例）见下表。

营业厅服务质量量化考核指标（示例）

考核指标	指标解释	数据来源
营业差错	当月营业差错数量	稽查台账、客服工单
有效投诉	当月有效投诉数量	服务渠道运营月报
客户表扬	当月表扬数量	客服工单
超时和提级工单	当月工单超时和提级次数	服务渠道运营月报

续表

考核指标	指标解释	数据来源
行为规范	行为规范不标准项目数	现场检查（含第三方暗访）、视频监控检查
现场管理	早会缺失次数，设备检查缺失次数	资料检查、视频监控抽查
业务指标	根据当月重点工作任务灵活安排	待定

4.5.3 班组标杆评价

为了加强基层班组建设，激发基层员工活力，组织开展班组标杆评价工作，评选对象包括营业厅班组等从事市场营销业务相关工作的班组。班组标杆评价分为五星、四星和三星三个等级。

1. 认定程序

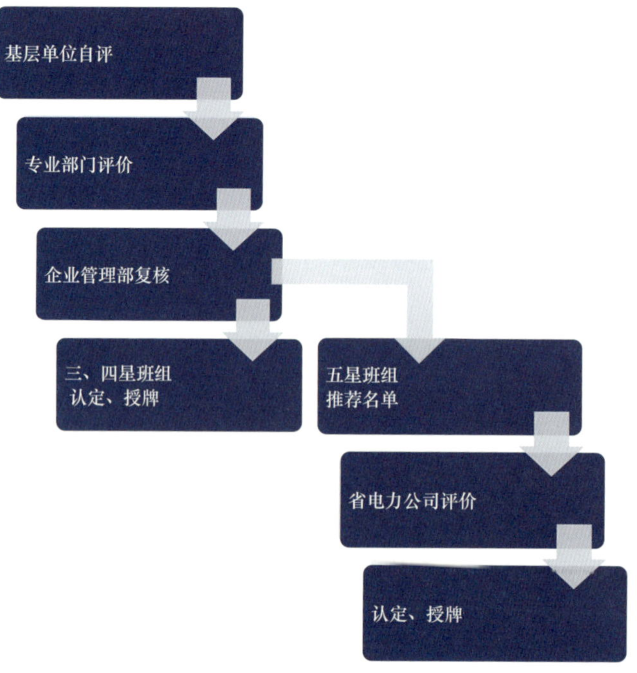

2. 评价标准

班组标杆评价标准包括专业部分、通用部分和必备条件等。

- 专业部分：从业务绩效角度提出，体现作业标准化、服务精细化、管理规范化等标准化建设要求。
- 通用部分：为班组 7S 管理内容，包括定置管理、安全管理、培训管理、精益改善、文化建设、员工关怀等方面。
- 必备条件：是参加班站评价的门槛条件，例如不发生四级以上事故事件、不发生 B 类及以上的违章、不发生重大客户投诉事故事件、不发生违纪违法事件等。各星级班组基本特征（示例）见下表。

各星级班组基本特征（示例）

基本特征	专业部分	通用部分	必备条件
五星	● 成熟应用先进技术及生产组织模式，各项指标优异，驱动业务发展 ● 成为专业标杆，形成省电力公司典型经验 ● 能持续交付富有竞争力且值得信赖的高质量工作成果和服务	● 7S 管理等规范管理成效显著 ● 工作环境干净整洁，满足工作、生活要求 ● 精益改善已实施过程测量、控制，人人自觉实施并取得明显成效	满足必备条件
四星	● 成为专业标杆，创造分/子公司典型经验 ● 能交付安全、稳定、满足质量目标的工作任务和服务	● 7S 管理等规范管理常态化开展，形成班站闭环有效管理体系 ● 工作环境干净整洁，较好满足工作要求 ● 精益改善人人自觉实施	满足必备条件
三星	● 年度任务较好完成	● 7S 管理等规范管理有效开展 ● 工作环境较好满足工作要求 ● 精益改善有效实施	满足必备条件

管理创新思考

针对营业厅转型后面临的员工服务思维难转变问题，需健全及加强员工激励机制，激发员工动力，创建健康良好的工作氛围，以多样化的激励促进员工转变服务思维。

5

增值服务合作管理

开展供电增值服务，是推动供电企业“为客户创造价值”服务理念落地的重要尝试。S市供电公司充分发扬“敢闯敢试、敢为天下先”的改革创新精神，率先尝试依托现有线下营业厅，与业务合作伙伴合作开展增值服务，试点工作初见成效。为了将试点经验推广，需要及时总结经验，对增值服务产品和营销活动管理工作进行规范。

5.1 合 作 内 容

以S市供电公司为例，由市供电公司与符合资质要求的合作方完成合作洽谈，签订合作协议后，合作方根据协议内容开展增值服务，一般而言包括以下方面内容。

5.1.1 产品展示

在合作期间，由合作方提供体验的产品和设备并放置于营业厅，且保证对展示用的产品和设备进行定期维护、更换。

5.1.2 现场布置

在合作期间，由合作方结合营业厅布局、客流动线及所展示产品和体验设备的特点，来科学、合理地布置展柜或展台。

5.1.3 产品宣传

在合作期间，由合作方为营业厅设计并提供相关产品及服务的宣传资料，并根据实际情况对宣传资料进行维护、更新，包括但不限于宣传册、宣传短片、宣传展架（易拉宝、X展架）等。

5.1.4 员工培训

一方面，合作方需为营业厅员工提供基础的营销服务培训，包括营销服务话术、产品功能和使用操作介绍等；另一方面，如合作方在合作期间安排人员在现场驻点，营业厅需为合作方员工提供相应基础的培训，包括营业服务话术、功能分区介绍等。相关培训内容需符合供电企业规范要求。

5.1.5 营销活动

在合作期间，营业厅和合作方可在不影响营业厅正常业务办理的前提下，开展现场营销推广活动。

5.1.6 效果评估

在合作期间，由客户服务中心每半年组织开展一次效果评估，在客户知情并同意的前提下，对客户参观、体验、咨询、下单、需求、评价等数据进行采集，从营业厅积极性、销售额、配合度等维度，对各营业厅增值服务质量及其效果进行评估分析，并形成评估报告，作为优化增值服务的重要参考依据。

5.2 产 品 管 理

5.2.1 产品进场

签订协议后，由合作方向市场及客户服务部提出产品进场申请，审核通过后，产品和有关体验设备方具有上架资格。合作期间，对产品进行更新、增加新的进场产品或体验设备，同样适用该申请流程。

- 填写产品清单：合作方按要求填写进场产品信息登记表（以下简称产品清单，示例见下表），清楚列明进场产品和体验设备的各类信息，包括产品名称、功能介绍、基本参数、上市时间、数量等。
- 产品清单审核：合作方向市场及客户服务部提交产品清单，由市供电公司市场及客户服务部对合作方拟定进场的产品清单及相关产品信息进行审核，审核通过后，相关信息抄送客户服务中心及各区营业厅。

进场产品信息登记表（示例）

企业名称			联系人		联系电话	
经营范围						
申请进场产品数量			申请进场产品类型		申请进场时间	
序号	产品名称	产品类型	产品功能	基本参数	上市时间	进场数量
1						
2						
3						
……						

- 产品信息录入：由市场及客户服务部根据产品清单，将进场产品信息录入相应的信息化平台，为增值服务合作管控做好备案。

产品进场流程图（示例）如下：

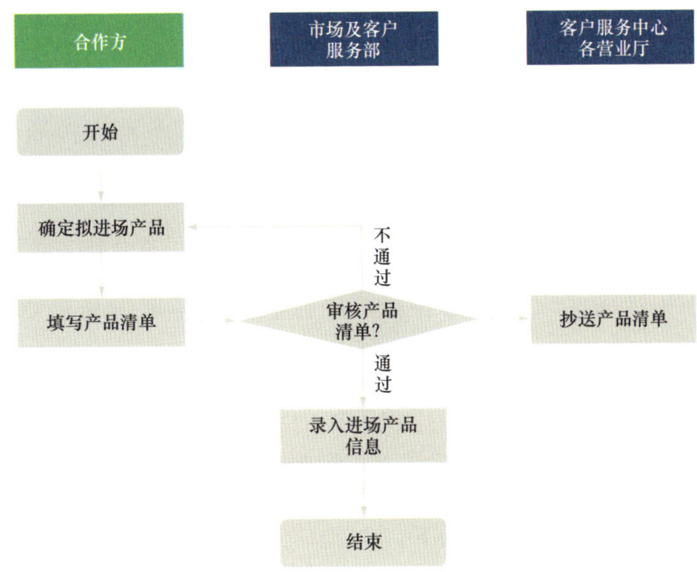

5.2.2 产品上架

- 产品上架申请：由合作方填写上架产品信息登记表（示例见下表），通知营业厅，沟通协调并安排产品和体验设备配送及上架等有关事宜。

上架产品信息登记表（示例）

企业名称			联系人		联系电话	
申请上架产品数量			申请上架产品类型		申请上架时间	
序号	产品名称	产品类型	产品功能	基本参数	上市时间	上架数量
1						
2						
3						
……						

营业厅意见：

负责人签名：

日期：

- 上架产品检查：由营业厅根据市场及客户服务部审核通过的产品清单，确保产品和体验设备在产品清单当中；如产品和体验设备不在审核通过的清单当中，则不允许上架。由营业厅对合作方配送到营业厅的相关产品和设备进行检查，确保产品和体验设备能够正常使用、体验。
- 产品台账更新：由营业厅将上架的相关产品信息录入至相应的信息化平台，及时更新台账并报送客户服务中心进行备案。

产品上架流程图（示例）如下：

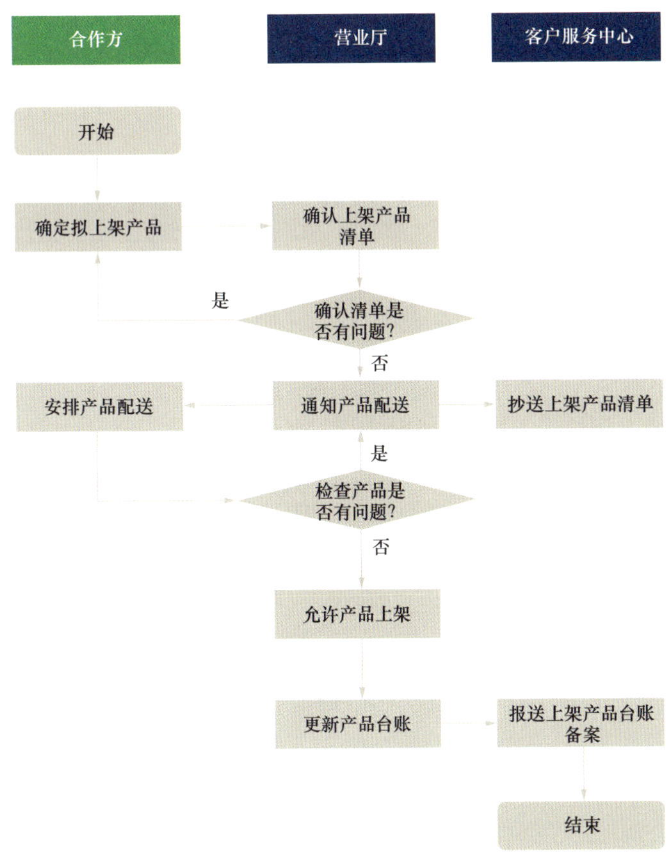

5.2.3　产品变更

为使在厅展示产品能对客户保持吸引力和新鲜感，合作方可与营业厅协商，在已审核的进场产品清单范围内，对各营业厅在展产品进行轮番更换。

- 产品变更申请：　由合作方直接对接营业厅，沟通协调并安排产品更换等事宜。
- 变更产品交接：　营业厅参照产品上架和下架的有关管理规定，对进场产品进行检查，并与合作方做好退场产品交接工作。

- **产品台账更新：** 由营业厅将变更的相关产品信息录入至相应的营业厅信息化平台，及时更新台账并报送客户服务中心进行备案。

产品变更流程图（示例）如下：

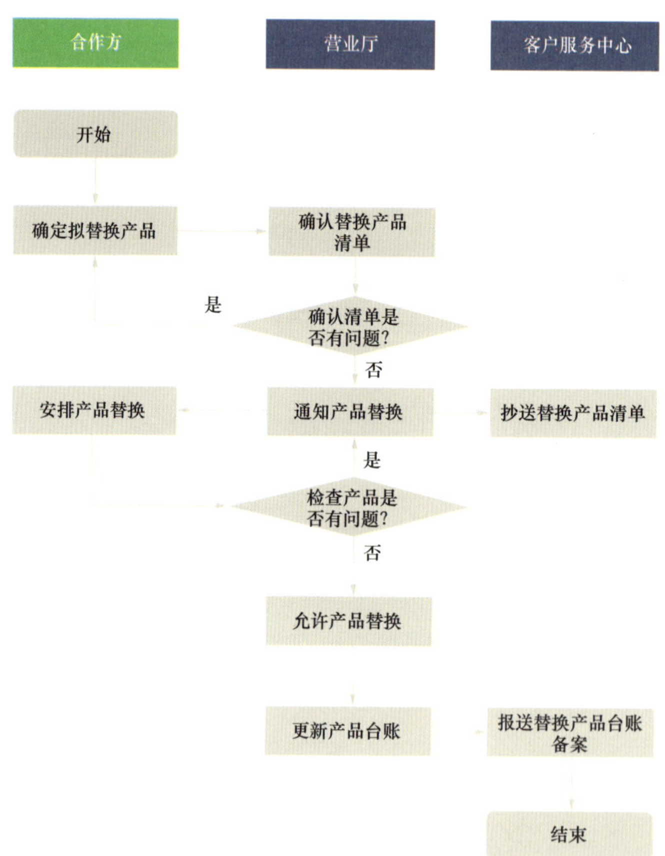

5.2.4 产品下架

在合作期间，出于产品上架规划调整、在厅产品轮番更换、可能引起客户投诉或舆情等风险事件等原因，产品或体验设备需要暂时下架的，合作方可与营业厅直接协商沟通，安排产品交接和现场清理等有关事宜。

- 产品下架申请：由合作方直接对接营业厅，沟通协调并安排产品和体验设备下架等事宜。
- 下架产品交接：交接时，由合作方确认产品和体验设备的使用状态，并填写下架产品信息登记表（示例见下表），交给营业厅负责人签名确认后，方可安排产品、体验设备和宣传资料下架。合作方应视乎实际情况，同时负责展柜、展台撤出，将场地恢复原状等工作，过程中营业厅需督促合作方在限时内完成相关下架工作，如下架过程中出现问题应及时上报客户服务中心。

下架产品信息登记表（示例）

企业名称		联系人		联系电话	
申请下架产品数量		申请下架时间			
序号	产品名称	产品类型	下架原因	产品状态	下架数量
1					
2					
3					
……					

营业厅意见：

负责人签名：
日期：

- 产品台账更新：由营业厅将下架的相关产品信息录入至相应的营业厅信息化平台，及时更新台账并报送客户服务中心进行备案。

产品下架流程图（示例）如下：

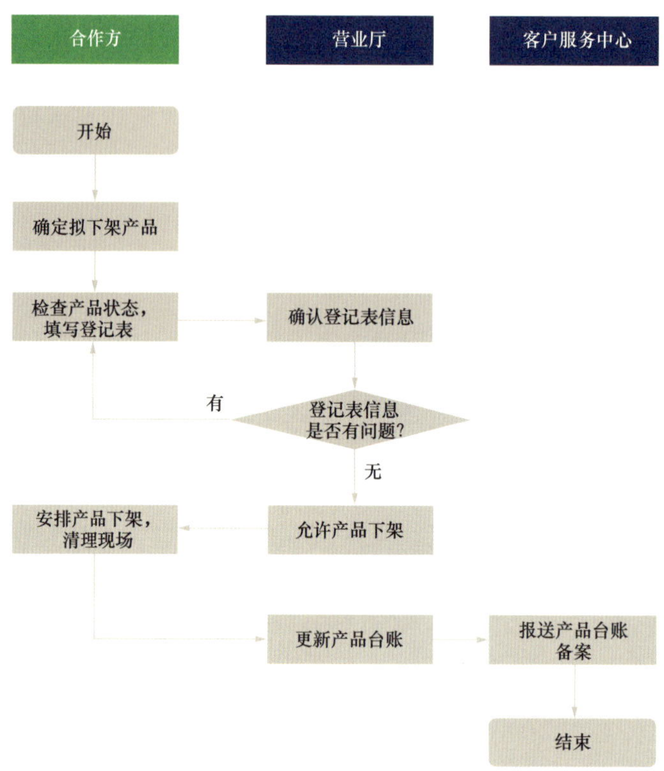

5.2.5 产品退场

在合作期间，如产品和设备更新换代或报废、增值服务规划调整等原因，日后不再安排上架的，需要对产品进行退场管理，从进场清单中进行移除。

- 产品退场审核：由合作方提出退场申请，并填写退场产品信息登记表（示例见下表），经市供电公司市场及客户服务部审核，审核通过后，相关信息抄送客户服务中心及各区营业厅。相关营业厅配合和督促合作方做好产品下架和现场清理工作。

退场产品信息登记表（示例）

<table>
<tr><td>企业名称</td><td colspan="2"></td><td>联系人</td><td></td><td>联系电话</td><td></td></tr>
<tr><td>申请退场
产品数量</td><td colspan="2"></td><td>申请退场
产品类型</td><td></td><td>申请退场
时间</td><td></td></tr>
<tr><td>序号</td><td>产品名称</td><td>产品类型</td><td>退场原因</td><td>退场数量</td><td>是否仍在
厅展示</td><td>所在
营业厅</td></tr>
<tr><td>1</td><td></td><td></td><td></td><td></td><td></td><td></td></tr>
<tr><td>2</td><td></td><td></td><td></td><td></td><td></td><td></td></tr>
<tr><td>3</td><td></td><td></td><td></td><td></td><td></td><td></td></tr>
<tr><td>……</td><td></td><td></td><td></td><td></td><td></td><td></td></tr>
</table>

- 产品台账更新：产品完成下架工作后，由市场及客户服务部根据产品清单，将退场产品信息录入相应的信息化平台，为增值服务合作管控做好备案。

产品退场流程图（示例）如下：

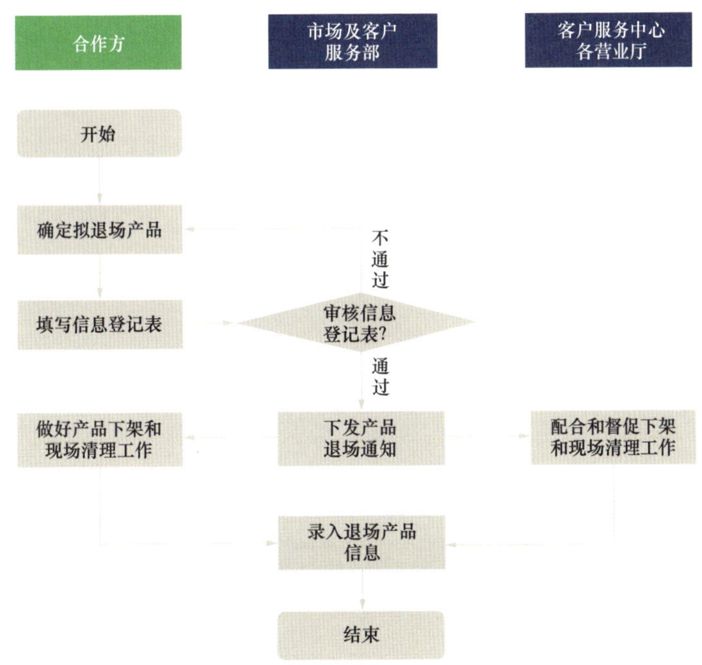

5.3 现 场 管 理

签订协议后，现场布置、物料配置、员工培训、巡检维护和活动开展等现场管理工作，由营业厅和合作方直接对接，客户服务中心对现场管理工作发挥监督作用。

5.3.1 现场布置

- 实地勘察：产品展示的场地一般安排在增值服务产品体验区，如营业厅场地空间允许，合作方与营业厅经过充分沟通协商，决定是否开辟专区进行展示。在设计布展方案前，合作方可派人前往营业厅进行实地勘察，由营业厅负责接待、告知布展要求。合作方根据要求和实地勘察情况，设计布展方案，包括布展效果图、产品布设效果图、布设平面图等。
- 方案审核：合作方提交布展方案后，由营业厅负责对布展方案进行初审，确认符合营业厅建设标准和布展要求。初审通过后，营业厅将布展方案提交给客户服务中心进行复核，复核通过后交市场及客户服务部备案。
- 布展管理：布展方案通过审批后，由营业厅负责通知合作方入场布展。布展过程由营业厅负责进行管控，包括进度管控和质量管控，确保布展工作能在规定时间内完成并符合预期效果。同时，布展工作不能影响客户正常业务办理，期间需注意做好客户解释和安抚工作，避免引起客户投诉。
- 完成布展：布展完成后，由营业厅通知客户服务中心进行现场审核，确认布设效果符合预期后，方可投入使用。

现场布置流程图（示例）如下：

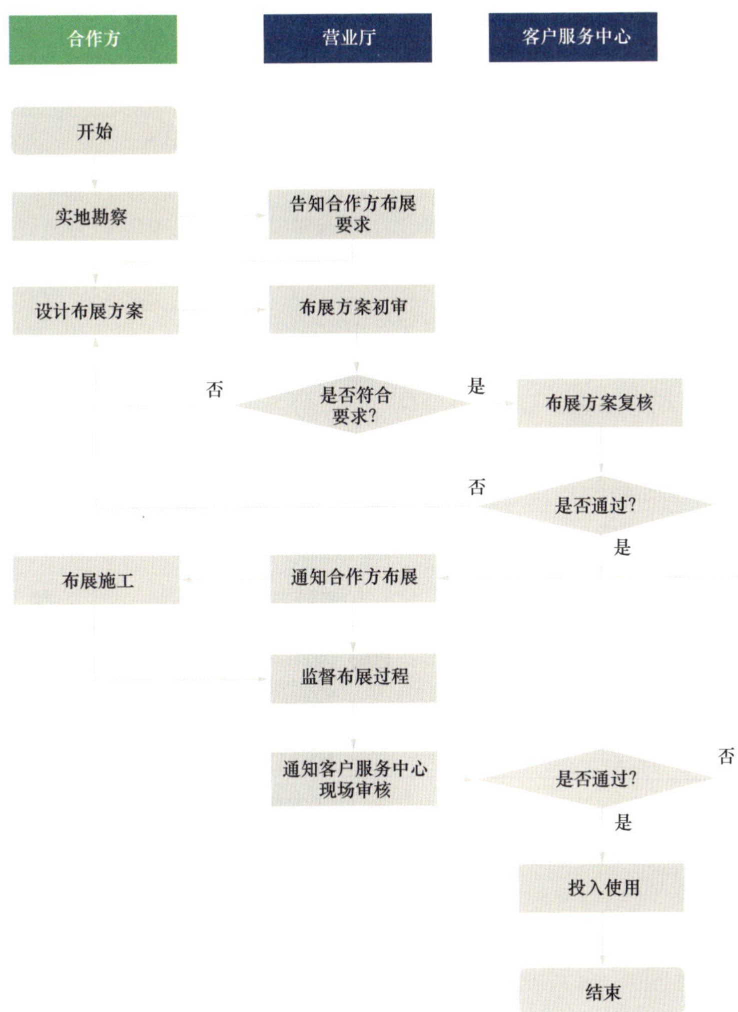

5.3.2 物料配置

- 物料供应：由合作方负责提供各类宣传物料，包括但不限于产品标牌、宣传册、宣传海报、宣传展架和宣传短片等。其中，关于产品的介绍需要包含产品名称、功能、基本参数、价格、联系渠道（二维码）等基础信息。如产品在线上商城上架，应注意线上、线下产品信息的一致性。

产品尺寸

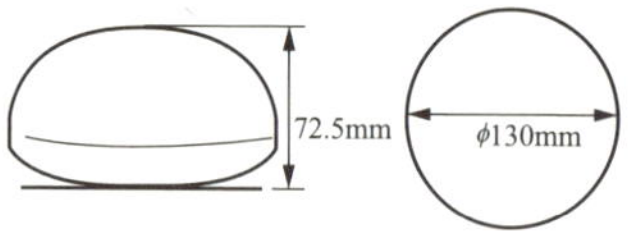

72.5mm

φ130mm

产品参数

产品名称	神奇七彩灯
产品型号	M1
产品材质	ABS+PC
光源功率	1W
色温	黄光2500K±200K/七彩
LED寿命	约30000H
产品尺寸	130mm×130mm×72.5mm
产品净重	约181g
包装尺寸	135mm×135mm×80mm
工作温度	-10～40℃

产品参数（示例）

产品参数

产品名称：	美的智能电饭煲		
内胆材质：	黄晶蜂窝内胆		
产品型号：	MB-FS4073A	额定功率：	860W
型　　号：	MB-FS4073A	额定电压：	220V
产品容积：	4L	额定频率：	50Hz
控制方式：	微电脑控制	电源线长：	90cm
售后服务：	全国联保	生产批号：	见铭牌

产品参数（示例）

联系渠道（示例）

- 日常管理：由营业厅负责物料的日常管理工作，包括每天巡检物料是否充足、摆放是否整齐。由合作方对物料进行定期维护更新；或根据营业厅需求，进行不定期维护更新。

5.3.3　员工培训

在展区完成布置、正式运营之前，营业厅和合作方需要组织员工进行培训。培训分以下两种情况：

- 对营业厅员工的培训：营业厅员工需要了解产品相关信息，掌握产品介绍技巧，以顺利开展营销推广服务。因此合作方需要在展区正式运营前，安排资深营销人员为营业厅员工提供相关培训，培训内容主要包括营销服务话术、产品功能和设备使用操作介绍、注意事项等。通过情景模拟和实战演练对培训效果进行评估，确保营业厅员工在掌握营销推广技巧和产品正确使用方法后再上岗。
- 对合作方驻点员工的培训：如果在合作期间，合作方安排员工进行驻点以提供专业的营销推广服务，合作方驻点员工需要了解营业厅服务相关管理规范和要求，以保证在厅期间员工服务水平一致。因此营业厅需要在合作方驻点员工上岗前，安排资深营业员提供相关培训，培训内容主要包括营业服务话术、营业厅分区介绍、一般行为规范等。通过情景模拟和实战演练对培训效果进行评估，确保驻点员工在掌握营业厅服务要点，能提供基本引导服务后再上岗。

5.3.4 巡检维护

- 日常巡检：参照设施设备管理的巡检维护要求，由营业厅工作人员对增值服务产品体验区的产品和体验设备运行情况和耗材情况进行日常巡检，记录巡检情况并存档，存档至少保留一年。
- 故障处理：如发现产品或体验设备存在破损、故障等问题，营业厅应及时上报客户服务中心，联系合作方安排技术人员进行处理或更换，相关流程参照设施设备管理的巡检维护要求进行；如涉及产品变更情况，应同时做好台账更新工作，并报客户服务中心备案。
- 产品保养：合作方需安排技术人员，定期或不定期对各营业厅展区进行巡检，确保展区产品和体验设备在正常使用状态，为产品维护、设备升级等提供技术支持。

5.3.5 活动开展

合作期间，如营业厅或合作方有开展现场营销活动的需求，经市供电公司市场及客户服务部审核同意后，可在营业厅现场举办活动。活动结束后，营业厅需要对活动效果进行评估，形成营销活动效果评估报告后报送客户服务中心备案。

- 营业厅或合作方根据自身需求，撰写营销活动方案，方案内容包括活动背景、目的、对象、内容、流程、注意事项等

- 由营业厅提交活动方案，市场及客户服务部对方案进行审核，审核通过后交客户服务中心备案

- 方案通过后，营业厅和合作方根据方案进行准备，包括现场产品、设施设备、物料布设等，联系相关部门单位做好支持工作

- 活动开展期间，营业厅需做好现场秩序管控和突发事件处理工作，包括保证有足够的营业厅工作人员负责现场客户引导、分流、解释等工作，减少对正常营业服务的影响，避免客户投诉

- 活动过程中，营业厅需注意对活动情况进行记录，在客户知情并同意的前提下，采集到厅客户相关行为数据，并辅以问卷调查、访谈等手段，了解客户对于活动的评价，多维度评估活动成效

营销活动效果评估报告（示例）

一、活动概述

为了增加用电客户对……的认知度，扩大……的影响力，由××营业厅牵头主办、××协办的“……”活动，于202×年××月××日至××月××日，于××营业厅举行。

二、活动效果

本次活动参与人数约有××人次，其中以××群体为主。有××人次进行了现场咨询，占比××%。促成现场订单数××份，销售额为××元。活动期间没有收到客户投诉或不满反馈，随机访问的××名活动参与者当中，有××名对活动表示非常满意，期望日后营业厅能多举办同类型活动。上述数据反映本次活动达到了预期效果。

三、活动不足

虽然本次活动取得了良好效果，且获得不少客户好评，但是仍存在着以下方面的不足：

在活动组织方面，……

在前期准备方面，……

在活动执行期间，……

在客户反馈方面，……

四、改进建议

针对上述不足，有以下几方面改进建议：

一是……；二是……；三是……；四是 ……